청운선생의
부동산
천기누설

청운선생의
부동산
천기누설

김영운 지음

일에일북

🔍 자연의 이치를 바탕으로 투자의 통찰력을

나는 대학에서 연구 활동을 하며 오로지 학생들을 가르치는 데 전념하는 교수다. 부동산 투자에는 전혀 문외한이다. 이제 정년이 얼마 남지 않아 퇴직 후 무엇을 하며 어디서 살 것인가를 걱정해야 했다. 이때 둘째 딸이 공무원 시험에 합격해 가까운 장래에 세종시로 옮겨가게 되었다. 각종 회의 참석차 정부세종청사에 자주 다녀온 바가 있어 세종시에 거주하는 것도 하나의 대안이라고 생각했다.

세종시의 어디에서 어떻게 살 것인가를 생각하면서 세종시 부동산에 관심을 가지고 글들을 찾아 읽어나갔다. 그중에서 눈에 번쩍 뜨이는 글이 있었다. 바로 청운선생의 '자연의 이치를 따라' 블로그의 글들이며 '청운선생의 부동산 천기누설'이라는 네이버 카페에 쓴 청운선생의 칼럼들이다.

대학에서 학문을 하는 목적은 진리 탐구에 있다고 한다. 그것도 서양학에 뿌리를 둔 과학적 방법에 따라 이루어진다. 여기에서 진리라고 하는 것은 자연과 사회를 움직이는 규칙성, 즉 법칙을 말한다. 이러한 규칙성과 법칙들이 모여서 많은 이론들이 형성된다. 대학에서의 연구 활동은 대부분 이론을 탐구하는 것이다. 설명력이 떨어지는 기존의 이론을 수정하거나 개선하여 더욱더 설명력이 풍부한 이론으로 발전시킨다. 이론에 대한 공부를 많이 하면 자연과 사회가 흘러가는 흐름을 이해할 수 있고 또한 자연과 사회의 변화를 예측할 수도 있다.

그러나 청운선생의 글들은 서양학에서 말하는 과학적 방법은 채택하지는 않고 있다. 그렇지만 다른 2가지 방법에 따라 진리에 도달하고 있다. 그 첫째는 동양학에 뿌리를 두고 있는 풍수지리다. 풍수지리는 음양오행설에 근거하고 있다. 둘째는 경험이다. 이 책에서 청운선생은 "전국을 돌아다니면서 잠을 대부분 산 묘지에서 자다 보니 오히려 가정집보다 묘지에 드러눕는 게 마음이 편안했다. (중략) 이때부터 내 눈에 서서히 부동산이 보이고 땅이 보이고, 땅의 가치와 미래가 보였는지도 모른다. (중략) 전국 방방곡곡을 돌아다니면 삼천리 금수강산 산하 대부분의 기를 느꼈다. 이때가 가장 행복한 시절이었다. 그 후로도 시간이 날 때마다 전국의 산야를 수십 년을 헤맸지만 이때처럼 자연과 더불어 행복했던 적은 없었다."라고 기술하며 경험을 통해 자연의 이치를 깨달아가는 과정을 말씀하시고 있다.

이처럼 청운선생께서는 풍수지리와 경험을 통해 진리에 도달하고 있다. 청운선생님께서 말씀하시는 '자연의 이치'라는 것은 진리이며, 자연과 사회의 규칙성과 법칙이다. 자연의 이치를 깨달음으로써 부동산의 현재 상태를 이해하고 앞으로의 변화를 예측한다. 어느 지역의 부동산은 개발이 될 것이고 어느 지역의 부동산은 개발이 불가능하며, 개발된다면 상업지역으로, 공장지역으로 또는 주거지역으로 얼마 후에 개발될 것이라고 정확하게 예측하고 있다. 최근 청운선생께서 유튜브에 올리는 '○○지역 아파트 콕 집어 추천!'은 자연의 이치(진리)에 따라 가까운 장래에 가격이 오를 아파트들을 예측한 결과다. 이러한 예측은 부동산 투자에서 가장 가치 있는 정보일 것이다.

이러한 자연의 이치를 바탕으로 청운선생께서는 여러 수단으로 부동산 투자를 공부하는 사람들에게 수십 년간 가르치고 있다. 첫째, 신문·잡지 등의 글들을 통해서 풍수와 부동산에 관한 지식을 가르치고 있다. 둘째, '자연의 이치를 따라'라는 블로그의 글들을 통해서 부동산에 대한 혜안을 공유하고 있다. 셋째, '청운선생의 부동산 천기누설'이라는 네이버 카페를 운영하며 회원들에게 지식을 전달하고 있다. 넷째, 강의를 통해서다. 정기적으로 서울시립대학교 평생교육원에서 '부동산 재테크' 강의를 2반 운영하고 있다. 또한 부정기적으로 기회가 있을 때마다 여기저기 장소를 옮겨가며 경험담과 부동산의 이치에 대해 강의하고 있다. 다섯째, 부동산 투자에 궁금한 사항이 있는 분들을 위해 '네이버 지식인'을 통해 1:1질문에 답변하고, 카페에서도 '1:1상담란'을 두어 운영하고 있다.

이 책『청운선생의 부동산 천기누설』은 자연의 이치(진리)를 바탕으로 활동한 내용을 정리했다. 특히 자연의 이치를 이해하고 부동산 투자에 기초가 될 수 있는 내용을 담고 있다. 1장의 '풍수지리와 부동산'에서는 풍수지리에 대한 기초적 내용을 담아 부동산을 보는 눈을 가질 수 있도록 도와준다. 풍수지리는 자연의 이치이며 이를 통해서 보면 부동산이 보인다고 말씀하며, 좋은 터 고르기와 실제 사례, 물건 분석 등을 담고 있다. 2장 '풍수지리로 땅을 보면 땅의 미래가 보인다'에서는 땅 투자의 노하우, 땅을 보는 일반 상식, 농지 투자의 기본 상식 등을 정리했다. 3장 '부동산 투자의 기본 다지기'에서는 좀 더 실전적인 문제의 기본을 설명하고 있다. 재개발과 재건축, 청약, 세법, 법인 설립 등에 관한 내용이다. 4장 '청운선생의 부동산 천기누설'에서는 기존에 기고한 답변과 칼럼 중에서 옥고를 모아 부동산 투자에 통찰력을 부여했다.

이 책은 결코 먹이를 먹여주는 데 목적이 있지 않다. 먹이를 잡는 방법을 가르쳐주는 데 목적이 있다. 풍수지리를 이해하기는 좀 어렵더라도 열심히 노력해 이 책을 공부하면 자연의 이치를 이해할 수 있고 부동산 투자에 대한 혜안을 가질 수 있을 것으로 생각한다. 풍수지리에 대한 이해와 부동산 투자에 관심이 있는 분들께서는 꼭 한번 읽어보기를 추천한다.

서울시립대학교 정경대학

권영주 교수

🔍 종합적이면서도 체계적이고 실전적인 부동산의 교과서

"땅을 보면 그 땅의 미래가 보인다."

　이 책은 풍수지리가이자 법학을 전공했던 저자가 수십 년 동안 연구 정리한 부동산에 관한 자료를 바탕으로 저술되었습니다. 이 자료를 바탕으로 저자는 직접 부동산 거래도 하고 소송도 하고 지식인 답변을 하거나 무료 강의를 하면서 지식 나눔을 했습니다. 저자의 실전 경험을 녹아 있는 노하우를 정리한 이 책은 책을 읽는 독자에게 자연스럽게 부동산을 보는 전체적인 안목을 길러주는 동시에 세밀한 법적인 문제까지도 스스로 해결할 수 있는 능력을 갖추도록 도와줄 것입니다.

　풍수와 법을 아우르는 부동산 서적이라 처음 접하시는 분들은 다소 생소할 수도 있어, 이 책에 좀 더 친밀하게 다가가기 위해 먼저 저자를 소개해보려 합니다. 이 책의 저자인 청운 김영운 선생은 젊은 시절 전국 방방곡곡의 산야를 직접 수차례에 걸쳐 풍전 노숙하며 유랑을 했으며 1970년대 일간지 등에 풍수지리에 관한 연재를 3천여 회 이상 게재할 정도의 대한민국의 뛰어난 풍수지리연구가였습니다.

　대표적으로는 인천공항과 세종시 행정수도 예정지 등의 미래를 예측하는 여러 글을 게재했으며 용인 구성역 등 수도권 여러 지역의 개발예정지들을 예측하는 글을 게재하기도 했습니다. 또한 법을 전공한 이력으로 수십 건의 부동산 소송을 변호사 없이 직접 진행해 모두 승소를 할 정도의 부동산 법률 전문가이기도 합니다.

　저자는 부동산에 관해서는 거의 모든 부문에 통달해 다른 부동산 전문가 또는 일반 사람들과는 비교할 수 없을 정도로 많은 노하우들을 가지고 있습니다. 특히 어려운 분야인 경매의 법정지상권과 유치권 등을 해결하는 방법에 아주 강한데 저자의 이러한 특급 노하우는 법률로도 쉽게 판단하기 어려운 수백 수천의 대법원 판례를 일일이 직접 분석해 수십 가지 유형별로 정리했기에 가능한 것입니다. 또한 저자는 문제가 있을 시 어떠한 경우라도 반드시 해결책을 찾고자 하는 마음가짐으로 여러 가지 방법을 강구했기 때문에 모든 부동산에 대한 해박한 지식과 독창적인 노하우를 가지고 있습니다.

이러한 전문적인 지식을 바탕으로 저자는 네이버 지식인의 부동산 경매 등의 분야에 지식 나눔을 1만여 회 이상 답하며 오랜 기간 전문가 1위를 했고, 아름집, 부동산스터디 등의 부동산 전문 카페에 글을 기고해 대표적인 전문가로 많은 분들의 궁금증을 풀어주었습니다. 지식 나눔은 지금도 계속 진행되어 네이버에 부동산 카페를 직접 운영하기도 하며 시립대 교육원에 부동산 재테크 강의도 하고 '청운선생의 부동산 천기누설'이란 유튜브 활동도 새로이 시작했습니다.

저와 청운선생님의 만남은 부동산 카페 회원에서 시립대학교 교육원 수강생으로 자연스럽게 이어져왔으며, 1년여에 걸친 반복된 수강을 통한 이력으로 이렇게 추천의 글을 쓰게 되었습니다. 목차에서 볼 수 있듯이 이 책은 풍수와 부동산 및 경매에 관한 종합적인 내용을 담고 있어 지금까지 출간되었던 다른 많은 부동산 서적들과 차별성을 갖고, 종합적이면서도 체계적이고 실전적인 부동산의 교과서와 같은 책입니다.

이 책을 반복해서 읽고 습득하고 참고 자료로 활용을 하면 거시적으로는 현재보다는 미래가치를 위한 부동산을 보는 직관적인 안목을 기를 수가 있고 미시적으로는 디테일한 법률적인 검토를 통한 스킬을 발휘해 남들이 보지 못하는 곳에 남들보다 먼저 접근할 수 있는 실력을 키울 수가 있을 것입니다. 많은 분들이 이 책을 읽으며 참고하고 도움을 받아 성공하는 부동산 투자의 길로 나아갈 수 있기를 기원합니다.

서울시립대 부동산학과 학생회장

지난자리

🔍 숲과 나무를 모두 아우르는 부동산 전문가

"풍수지리 관점으로 부동산의 발전 가능성을 파악하는 풍수전문가." "수십 년 전부터 행정수도로 세종시를 점찍고 인천국제공항의 개항을 언급한 예언가." "부동산 법률에 관한 해박한 지식으로 네이버 지식인 경매 분야 답변 1위를 기록한 전문가." "수십 년 쌓은 지식을 무료 강의와 네이버 카페 및 유튜브로 지식을 나누는 레전드."

이러한 평가를 받는 이 책의 저자 청운선생님이 수십 년간 연구하고 정리한 부동산에 관한 특급 노하우를 부동산 전문서적으로 출간하셨습니다. 청운선생님의 글을 처음 접한 것은 부동산 경매정보 사이트인 두인경매를 운영하면서 고객 맞춤형 컨설팅과 사후서비스를 위해 부동산에 관한 생생한 흐름을 파악하고자 종종 방문하던 네이버 부동산 카페 '부동산 스터디'와 '아름다운 내집갖기' 등을 통해서였습니다.

카페에서 이미 많은 분들에게 지식 나눔을 하던 저자는 수백 건의 부동산에 관한 전망을 묻는 문의 댓글들에 역사와 풍수지리와 발전 가능성 등을 언급하며 일일이 답변해주었습니다. 특이한 점은 다른 대부분 전문가들의 두리뭉실한 답변과는 다르게 좋다 나쁘다를 명확하게 콕 짚어주었다는 것이었습니다. 그것은 풍수지리를 통한 발전가능성을 보는 거시적인 관점과 수십 년간 부동산을 연구한 해박한 지식에 바탕한 분석에서 나온 확고한 자신감으로 생각되었습니다.

이후 경매 사이트를 운영하는 입장에서 항상 관심을 가지고 있던 네이버 지식인의 경매 분야 답변 1위를 하던 천년노송님이 청운선생님과 동일인물이라는 것을 나중에 알게 되었고 네이버에 '청운선생의 부동산 천기누설'이란 카페를 만드신 것을 알고 회원으로 가입해 종종 글들을 읽었습니다. 그러다 관련 유튜브를 시청하던 중 경매 관련 방송자료로 두인경매 사이트를 사용하는 것을 보고 고맙고도 반가운 마음에 먼저 연락을 드려 개인적인 만남을 가졌습니다.

청운선생님은 오래전부터 두인경매를 사용하셨다고 하며, 두인경매 사이트에서 무료로 보여주는 부분으로도 대체적인 내용 파악이 가능하고 유료 이용료도 타 경매 사이트에 비해 저렴하면서도 내용이 충실해 가성비가 가장 좋다고 말씀해주셨습니다. 특히 이번에 새롭게 개편되어서 내용도 충실하고 이용하기도 아주 편리하다는 좋은 말씀도 주셨습니다.

청운선생님은 부동산에 관해서는 숲과 나무를 모두 아우를 수 있는 특이한 경력의 전문가이십니다. 특히 큰 틀에서 각 지역의 개발 가능성에 관한 전망이 뛰어나며 네이버 지식iN 답변 사례에서 볼 수 있듯이 경매 분야에서도 많은 사람들이 어려워하는 특수 분야인 법정지상권과 유치권 분묘기지권 등에 아주 해박한 분입니다.

현금의 가치는 낮아지고 부동산을 비롯한 실물의 가치가 높이지는 이 시대에 부동산 재테크는 거의 모든 사람들의 꿈일 것입니다. 그러나 막상 부동산에 투자하려고 하면 어디서부터 시작을 하고 어떻게 해야 할지 막막함을 느낍니다. 이럴 때 부동산에 관한 대부분의 내용을 담고 있고 저자만의 노하우가 가득한 이 책은 부동산 투자의 멘토로서 좋은 선택이 될 것입니다. 또한 부동산 투자에 어느 정도의 지식을 가졌더라도 체계적으로 전반적인 지식을 배우고자 하는 사람들에게도 좋은 안내서가 될 것입니다.

무엇보다 『청운선생의 부동산 천기누설』 출판을 진심으로 축하드립니다.

우지훈

🔍 아낌없이 지식을 나누며 이웃을 돕다

청운선생님을 만난 것은 제 인생의 기적이었습니다. 저는 선생님을 "수렁에 빠진 인생을 구해주신 은인"이라고 말합니다.

2018년 부동산에 문외한이었던 제가 잘못 산 아파트 때문에 절망에 빠져 있을 때, 부동산 천기누설 카페에서 청운선생님을 만났습니다. 선생님은 칠흑같이 어두운 망망대해에서 길을 알려주는 등대와도 같았습니다. 선생님께서 가르쳐주신 대로 하나씩 차근차근 처리하며 똘똘한 아파트 한 채로 갈아타기에 성공하고, 경매로 토지도 낙찰받게 되었습니다. 불과 1년 반 만에 절망에서 벗어나는 기적이 일어났습니다. 그 이후 안정적인 자산도 형성할 수 있었습니다.

지금은 저뿐만 아니라 비슷한 처지의 회원들과 청운선생님께 자문을 받아 실패에서 벗어나 성공하는 사례를 공유하며 함께 행복을 나누고 있습니다. 청운선생님은 천기누설 카페와 지식인 답변, 유튜브 등 여러 채널에서 다방면으로 활동하며 살아 있는 지식뿐만 아니라 풍요로운 삶을 살아가는 데 꼭 필요한 지혜를 아낌없이 나눠주십니다. 오늘도 절망에서 벗어나고자 노력하는 사람들을 돕고자 열정을 다해 가르치고 계십니다.

　선생님께서 더욱 존경을 받는 이유는 수많은 이들을 도우면서 아무런 대가를 받지 않는다는 점입니다. 1만 건이 넘는 지식인 답변을 달며 모은 포인트로 불우이웃을 돕고, 2019년 강원도 산불이 났을 때도 솔선수범해 성금을 모집하며 많은 이들에게 귀감이 되었습니다.

　치열한 경쟁과 인정이 메말라가는 각박한 세상에서 평생을 쌓아온 지혜를 나누고 어려운 이웃들을 돕는 청운선생님이야말로 이 시대에 찬란하게 빛나는 보석입니다.

부동산 천기누설 카페

회원 신빠람

자연의 이치가 안목을 높인다

나는 1970년대 이후 1980~1990년대를 거쳐 수많은 풍수지리 글을 각종 언론매체에 써왔다. 최근 2~3년 전부터 부동산 관련 글이나 네이버 지식인을 통해 부동산, 경매, 법정지상권 등 다양한 분야의 답변을 1만여 회 이상 써왔지만, 그동안 수십 번의 풍수지리 관련 책 출판 요청에도 책을 낼 생각은 가져보지 않았다. 나 스스로가 부족함과 무지함을 아는지라 모두 거절했다. 사실 자신을 돌이켜보면 무엇 하나 아는 것이 없는 부족함과 무지의 표상이다.

어쩌다 보니 자의 반 타의 반 제자들에 의해 카페를 만들게 되었고, 또 제자들에게나 우리 카페에 조금이나마 도움이 될까 해서 시작한 공개 강의가 여러 차례 이루어지면서 서울시립대 평생교육원에서 부동산과 재테크 관련 강의까지 하게 되었다. 최근 코로나19로 인해 대면 강의가 어려워지자 사람들에게 도움이 될까 해서 최근에는 유튜브 강의까지 시작했다. 그러다 모든 것을 접고 다시 은둔의 생활로 들어가기 전 조그마한 도움이라도 될까 해서 출판사의 출판 요청에 응하게 되었다.

나는 어린 시절부터 풍수지리에 관심이 많아 수십 년간 전국 산천을 거의 안 가본 곳이 없을 정도로 떠돌아다니며 유랑생활을 했다. 그러다 보니 기인으로 취급을 받기도 했다. 기형적인 생활로 잠자리는 대부분 산야의 호텔(?)을 이용하다 보니 자연히 그 호텔 주인(자연)과 영혼이 교감을 이루어오면서 자연의 이치를 몸으로 취득하는 데 많은 도움이 되었다. 그리하여 이 책은 풍수지리 관련 글이 몇몇 등장함을 이해하기 바란다. 풍수지리는 자연의 이치이고 그 자연의 이치는 세상을 보는 안목이나 부동산을 보는 안목에 도움을 주기도 한다.

이 글은 나의 살아온 경험을 토대로 한 내용의 일부분이고 그 외 부동산 상식 등을 기록했다. 만일 이 글이 더 이어진다면 그때는 좀 더 구체적인 부동산 관련 글이나 경매지식 관련 글이 될 것이다.

이 책에서 나는 글만 썼을 뿐 순전히 우리 제자들의 도움으로 만들어진 책이다. 이 자리를 빌려 감사 인사를 드린다.

글의 타이핑을 도와준 오현숙과 우리 자식 김진우, 오래전 작성했던 나의 풍수지리 글을 찾아서 출판에 도움을 준 나의엽, 나의 부족한 글들이 책으로 나올 수 있도록 도움을 준 수많은 제자와 서포터즈 자원봉사자들에게 감사드립니다.

또 이번 책에서 가장 돋보이는 부록은 자료를 정리하고 바로가기 링크로 만들어준 김판수가 있었기에 탄생할 수 있었습니다. 앞으로도 이 부록을 대체할 만한 부동산 중요 정보 사이트 링크는 아마도 없을 것입니다.

이 책이 나오기까지 밑그림을 그려주고 기획이나 출판에 관련한 전 분야를 총괄 챙겨준 박큐옥과 막판까지도 원고를 정리하고 글 오류나 보완을 도와준 김판수에게 감사를 드립니다.

그리고 이번 책이 빛나도록 도와준 부동산 경매의 유명 사이트 운영자이신 두인경매 우지훈 대표에게도 감사 인사를 드립니다. 7만 원 상당의 3개월 경매정보 이용쿠폰을 협찬해주셔서 이 책을 구입한 사람들에게 큰 도움이 되었습니다.

부족한 나의 글이 책으로 나올 수 있도록 엮어주신 원앤원 출판사 직원 여러분과 박종명 사장님에게도 감사를 드립니다.

이 책은 그동안 제가 쓴 글이 바탕이 되었지만, 사실 이러한 글을 쓸 수 있었던 것은 사랑하는 아내가 있었기에 가능했습니다. 가난한 집에 시집와서 평생을 고생하면서 부족한 사람을 일깨워주고 돌봐주어서 부족한 제가 이 세상을 잘 살아올 수 있었습니다. 사실 제가 일구어낸 부와 사회적 성공, 오늘 이 글의 집필도 아내 덕분에 이룰 수가 있었습니다.

이제 저는 다 이루었고 더 이상의 목표도, 바람도 없습니다. 얼마 남지 않은 여생을 사랑하는 아내를 위하여 삶을 살고, 이 세상 여행길을 떠나는 그날까지 아내를 잘 보살피며 살겠다는 마음으로 이 책을 아내 강도연 님에게 바칩니다.

청운 김영운

목차

1장

풍수지리와 부동산

풍수지리는 자연의 이치다 : 풍수 용어 알기

좋은 양택과 나쁜 양택

풍수지리의 이론은 곽박의 『금낭경』과 청오선생의 『청오경』으로부터 전해진다. 땅의 좋고 나쁨이 풍수의 기본이고, 풍수는 지기(地氣; 땅의 기운)가 길흉의 원인이 된다고 하며, 이는 음양오행을 기초로 한다.

우리 조상들은 예로부터 집터를 잡거나 묘지를 쓸 때 풍수지리를 깊이 신뢰해, 풍수지리적으로 입지가 좋은 곳을 찾아 썼다. 풍수지리에서 좋은 길지에 묘지를 쓰면 길하고 그렇지 않은 곳을 쓰면 흉하다고 한다. 이러한 풍수적 관점은 모든 부동산에 적용된다. 풍수지리를 알면 길지나 부동산이 보인다. 가히 풍수지리를 부동산의 기초라고 할 만하다.

우리나라 역사를 보아도 삼국 시대 이후 고려와 조선의 역사는 풍수를 빼고 설명하기 어렵다. 조선 시대 수도인 한양과 궁궐도 풍수적인 역사가 깃들어 있고, 국보 제1호인 숭례문과 덕수궁 대한문도 풍수설에 유래해 지어진 이름이다. 이렇듯 집터를 고를 때 풍수설에 따라 길지를 찾는 것이 양택의 풍수다.

이러한 기본적인 양택의 풍수지리를 알아보면 다음과 같다.

■ 풍수는 배산임수 원칙에 따라 배치한다

배산임수(背山臨水)는 말 그대로 '산을 등지고 물이 있는 쪽을 바라본다'는 뜻이다. 즉, 지면에서 높은 부분에 건물을 짓고 낮은 부분에 마당을 둠으로써 내려다보도록 하는 배치가 배산임수다.

예를 들어보자. 남쪽 지면이 높고 북쪽 지면이 낮은 지대에서는 지면이 높은 남쪽이 건물 후면이 되고 지면이 낮은 북쪽이 건물의 전면이 되는 북향 배치가 배산임수에 따른 배치 방법이다. 일반적으로 우리나라 사람들은 남향 배치를 특히 선호하는데, 이처럼 북향 배치로도 얼마든지 명당(예: 인촌 김성수 생가)이 될 수 있다.

건물 및 대문 방위의 종합평가

건물의 방위 ＼ 대문의 방위	북	북동	동	남동	남	남서	서	북서
남향건물	○	×	○	◎	○	△	△	△
남서향건물	×	○	×	△	△	○	◎	○
서향건물	○	×	○	○	◎	△	△	×
북서향건물	◎	△	○	○	○	×	×	△
북향건물	○	△	◎	○	○	△	×	△
북동향건물	△	○	△	×	△	○	○	◎
동향건물	△	◎	△	×	×	○	○	○
남동향건물	△	○	×	△	△	◎	○	○

◎: 매우 좋음　○: 좋음　△: 나쁨　×: 매우 나쁨

② 하천이나 도로는 기를 모으는 역할을 한다

잘사는 동네는 모두 물이나 도로가 감싸고 있는 안쪽이다. 휘어 돌아가는 바깥쪽은 기가 모이지 않고 흩어지는 곳이다. 예를 들어 용산의 동부이촌동 LG한강자이 아파트는 뒤로는 남산이 있고 앞으로는 한강이 궁수형으로 감아 돌아가는 명당자리에 위치한다. 즉, 같은 한강 변 아파트라도 한강이 휘감아 돌아가는 용산구 이촌동이나 한강 이남의 압구정동 등이 궁수형(弓水形)으로 길한 입지다. 안동 하회마을도 이런 관점에서 명당으로 본다.

❸ 경사가 심한 도로가 있는 곳은 피한다

경사가 심한 곳은 본래 산 중턱이었거나 용맥[龍脈; 산의 정기가 흐르는 산줄기. 그 정기가 모인 자리가 혈(穴)이 됨]이 지나가는 과정에 있는 지형이다. 경사가 심하면 물이 곧장 빠져나가므로 기가 모이지 않아 재물도 모이지 않는다.

❹ 매립지나 모래땅에 지은 건물은 좋은 기를 받을 수 없다

저지대는 지리적으로 큰물이 나면 수해를 입는다. 생땅에서 생기가 나온다. 매립지나 돌산, 모래땅에는 지기가 흐르지 않는다. 이러한 땅에는 옹벽을 쌓아도 결국 물길이다. 수맥의 피해가 있는 곳은 재물과 건강까지 위협할 수 있다.

🏠 **청운선생님, 알려주세요!**

Q. 수맥은 무엇을 말하나요?

수맥(水脈)이란 지하에 물이 모여서 흐르는 물의 줄기로, 하나의 맥(脈)으로 존재하는 것을 말한다. 수맥의 생성 원리에 대해서는 여러 이론이 있으나, 보통 지표수가 오랜 시간 서서히 걸러져 정화되면서 지하로 내려가 모이고 하나의 물줄기를 형성해 흐르는 것을 수맥이라고 한다.

수맥은 마치 우리 몸의 혈관처럼 땅의 어디에나 퍼져 있고 24시간 쉬지 않고 흐르며 그 양도 끊임없이 변한다. 그런데 지상의 물이

중력의 작용으로 높은 곳에서 낮은 곳으로 흐른다면, 지하 수맥은 압력 차이로 인해 흐른다. 그래서 산꼭대기와 같이 높은 곳에서도 물이 흘러나오는 것이다.

지하 수맥이 흐르면 수맥파가 만들어져서 지상으로 방사된다. 수맥을 이루는 물에 여러 광물질이나 모래, 자갈 등이 섞여 같이 흐르면서 강한 전자기적인 성질을 가지게 되는데 이 전자기 파장이 지상으로 방사되는 것을 수맥파라고 한다. 또 지하 수맥은 끊임없이 움직이면서 새로운 물을 얻기 위해서 지상의 물을 끌어들이는데, 지상에서 여러 탐사 장비로 파악되는 그 파장을 수맥파라고 주장하는 사람도 있다.

수맥파는 지하에서부터 두꺼운 암석이나 토양을 뚫고 지상에까지 전달되는 수직파로, 그 파장은 지상 수십 층의 건물에도 전달된다. 즉, 수직 상승하는 파장이기에 그 위치를 파악할 수 있고 이 수맥파의 수평적인 범위만 벗어나도 그 영향은 현저하게 줄어든다.

이러한 수맥파는 유해파로서 동식물에 여러 악영향을 주는데, 특히 활동하는 상태보다 잠을 자는 상태일 때 더 나쁜 영향을 준다. 예를 들어 사람이 숙면하려면 뇌파는 4헤르츠(Hz) 이하로 내려가야 하는데, 7~8Hz의 수맥파가 뇌에 계속 영향을 주기 때문에 깊은 잠을 잘 수 없는 것이다.

대부분의 동물은 수맥파를 싫어하는데, 고양이는 수맥파를 좋아해서 수맥파의 영향이 큰 곳에서 주로 잠을 잔다고 한다. 만약 고양이가 자신의 침대 위아래에서 잠자기를 좋아한다면 침대 근처에 수맥이 흐른다고 볼 수도 있다. 또 수맥파는 식물의 생장에도 영향을 미치는데, 음택의 묘 아래로 수맥이 흐르면 묘의 잔디가 뿌리 내리기 힘들어 잘 자라지 못한다.

집 아래 수맥이 흐르는지 쉽게 진단할 수 있는 몇 가지 징조가 있다. 일반적으로 집의 담장에 세로나 대각선 방향으로 금이 가 있거나, 아파트라면 1층에서부터 맨 꼭대기 층까지 거의 같은 형태로 금이 가 있다면 대부분 수맥의 영향이다. 아파트 위아래 층 사람들이 같은 병으로 고생하거나 중풍을 앓는 사람이 많이 생기는 경우도 마찬가지다. 또한 집 안의 문짝이 뒤틀리거나 꽉 닫히지 않는 출입문이 있는 경우, 집에 있으면 짜증이 나거나 기분이 좋지 않은데 집을 떠나면 기분이 좋아지는 경우도 수맥의 영향이라고 볼 수 있다. 지반이 내려앉은 곳, 산등성이가 하나로 모이는 곳, 큰 나무나 잔디가 죽는 곳, 물안개가 나타나는 곳, 나무나 돌에 이끼가 끼는 곳, 담장이 수직으로 갈라지는 곳, 이른 봄 풀이 먼저 나는 곳 등도 수맥이 만들어낸 현상으로 볼 수 있다.

⑤ 땅의 기가 머무르는 곳이 명당이다

시골의 부잣집은 모두 마당이 평평하다. 마당이 경사진 집은 기가 모이지 않아 대부분 가난하다. 앞에 물을 바라보는 것도 마찬가지다. 물은 지기(地氣)를 보호하므로 앞이 평탄한 지형에 기가 모인다. 용진혈적(龍盡穴的) 하므로 용맥이 끝나는 곳에 혈이 맺힌다. 결국 물이 모이는 곳에 지기가 모이고, 지기가 모이는 곳에 사람이 모이고, 사람이 모이는 곳에 돈도 모인다.

6 안방은 북서쪽, 화장실 동쪽이나 서쪽

안방, 즉 집안의 가장이 머무는 방은 북서쪽에 배치하고 화장실은 동쪽이나 서쪽에 배치한다. 화장실은 음기를 가졌으므로 집안의 다른 양기를 억제한다. 그래서 화장실은 가능한 가장자리에 두고, 부득이하게 집의 중심에 배치했을 때는 화장실의 기운이 주택 내부에 퍼지지 않도록 주의해야 한다. 화장실 문도 중요하다. 낮에는 양이 지배하므로 화장실 문을 열어두어도 큰 문제가 없으나, 밤에는 음이 지배하므로 닫아두어야 한다. 자고 일어나서 머리가 아프다면 화장실 문을 열고 잔 것은 아닌지 확인해보자.

7 현관은 그 집의 기가 들어오는 입구다

집 안의 모든 기운은 현관으로 들어온다. 따라서 현관에 들어서자마자 정면에 큰 거울이나 창문이 보이는 배치는 피해야 한다. 현관으로 들어오는 기운을 거울이 반사시키기 때문이다. 또 현관에 우산이나 운동기구 등 잡동사니를 두면 기운이 들어오는 길을 막을 수 있으니 조심해야 한다. 현관이 어두울 경우 밝은 기가 들어올 수 있도록 조명을 밝게 해주고, 명랑한 기운이 느껴지는 종이나 풍경을 달아두면 음기를 양기로 바꾸어주기 때문에 좋다. 현관에 인형을 달아놓은 것은 좋지 않다. 현관에서 화장실이나 소파가 보이지 않아야 좋다.

이러한 풍수지리 이론은 지리에만 해당되는 것일까? 조금 더 세부적으로 보자. 사람이 편하게 살아가기 위해서 가장 중요한 3가지 요소는 무엇일까? 바로 신발, 의자, 잠자리다. 특히 사람은 잠잘 때 무의식, 무방비 상태에 있기에 잠자리의 영향을 가장 크게 받는다. 잠자리를 고를 때 중요한 점은 안정감이 있으면서 편안해야 한다는 것이다. 이를 풍수에서 보자. 물론 방위에 따라 기운이 달라지지만, 우선 머리를 방문에서 먼 곳에 두는 것이 좋고 그다음에는 창문에서 먼 곳에 두는 것이 좋다. 왜냐하면 대각선으로 위치할 때 시야가 가장 크기에 외부의 침입에 대한 불안감을 덜 수 있다. 화장실도 침대에서 멀어야 좋다.

이렇게 풍수지리의 이론은 본능적이고 자연발생적인 것이 많다. 그렇다면 좋지 않은 양택은 어떻게 구분할 수 있을까? 다음의 사례를 보자.

풍수지리에서 양택의 판단기준
• 교통이 편하고 도로에 인접해야 한다.

- 집의 담장이 자꾸 기울거나, 담장에 세로로 금이 간 곳이 있다. 수맥이 흐르는 곳도 안 좋다.

- 집 안이 항상 눅눅하고 음침하며 칙칙한 느낌이 든다.

- 집 안의 전경이 좋아야 한다.

- 집의 위치가 도로보다 낮으면 좋다.

- 집 주위로 고압선이 지나거나 변전소가 가까이 있으면 안 좋다.

- 쓰레기 매립장을 메우고 지은 매립지 집터는 기가 흐르지 않는다.

- 큰 도로를 끼고 있어 항상 차량의 통행이 많고 소음, 먼지가 발생하면 안 좋다.

- 막다른 골목에 집이 위치하면 좋지 않다.

- 담장이 집에 비해 지나치게 높거나 큰 나무가 집 안에 있으면 안 좋다.

- 집 주위에 짓다가 중단되어 사람이 살지 않는 폐가가 있으면 안 좋다.

- 집 가까운 곳에 무덤이 많으면 안 좋다.

- 담장 안마당에 큰 연못이나 분수대가 설치되어 있으면 흉하다.

- 대문 바로 옆에 외부 화장실이 있으면 나쁘다.

- 집 안의 어둡고 구석진 곳에 멧돼지와 같은 종류의 동물 박제가 여러 개 있거나 특히 현관에 놓인 박제가 안 좋다.

- 주변의 집들이 살고 있는 집보다 너무 높거나 커서 눌리고 답답함을 느끼는 집은 기의 눌림을 받는다.

- 집 안에 개미나 바퀴벌레가 유난히 많으면 안 좋다.

- 현재 살고 있는 집으로 이사 온 뒤로 건강이 급격히 나빠진 가족이 있다면 이사해라.
- 잠을 깊게 자지 못하고 자주 깨거나, 잠을 자면서 가위눌림을 자주 당하면 그 집과 인연이 없다.
- 가족들이 이유 없이 자주 아프고, 사고가 자주 나면 이사해라.
- 망해서 나간 집은 안 좋다.
- 절이나 서낭당, 묘지터는 기가 세다.

풍수지리의 기본 알기

여기서 풍수지리에 대한 기본 상식을 한번 살펴보기로 한다. 풍수에서는 터를 음택과 양택 2가지로 나누나 그 본질은 생기가 충만한 땅을 구해 거처를 정하는 것이며, 그 행위를 생기를 받기 위한 기본으로 본다. 이러한 풍수설의 기본에는 음양오행설이 있다.

음양오행설(陰陽五行說)에 따르면 우주 일체의 현상은 태극(太極)에서 분리된 음양 양원기(兩元氣)의 동정(動靜)에 의해 현멸(現滅)하고 소장(消長)하는 것이다. 오행설은 우주(宇宙) 만유(萬有)의 본질을 이루는 요소를 목(木), 화(火), 토(土), 금(金), 수(水)의 5가지로 간주한다. 삼라만상(森羅萬象), 다시 말해 자연과 인생은 모두

이 5요소의 활동, 즉 오행의 범주에 속한다.

혼히 음양오행설이라 부르는 것은, 밝음이 있으면 어둠이 있고 남자가 있으면 여자가 있듯이, 우주의 현상을 둘로 대립시켜 존재의 대립적 관계에 따라 우주가 다스려진다는 원리다. 본시 음과 양은 하나로 태극 또는 무극이라고도 하나 이것이 발현되면 음양이 되고, 음양은 다시 태양과 태음, 소양과 소음이 된다.

이러한 풍수사상은 유교의 진흥과 그 궤를 같이하며 조선에 널리 보급되었다. 풍수는 원래 중국에서 시작되어 삼국 시대 때 한반도로 전해져 신라와 고려, 조선 시대에 걸쳐 크게 번성한다. 실제 조선을 세우면서 한양을 도읍지로 정하게 된 것은 풍수지리가 그 바탕에 있었다.

현재의 광화문 앞에 있는 해태상은 관악산의 화기(火氣)를 수성(水性)인 해태상을 세워서 막으려 했던 것이며, 동대문은 좌청룡(左靑龍)인 낙산의 허한 기를 보강하기 위한 풍수적 개념으로 세웠다. 다른 의미나 뜻도 있지만 이번에는 다루지 않겠다.

풍수의 기본서

풍수의 기본서를 알아보자. 『금낭경(錦囊經)』은 진나라 시대 곽박이 지은 책이고, 『청오경(靑烏經)』은 한나라 시대 청오선생이 지은 책이다. 호순신의 편찬으로 만들어진 『지리신법(地理新法)』은 상하 2권 23장으로 되어 있다. 그리고 조선 시대 과거에 음양과(陰

陽科) 지리학에 제시된 것으로『명산론(明山論)』이 중요하게 취급
되었다. 이 외에도 명나라 서선술·서선제 형제가 펴낸『인자수
지』(총 30권)와 명나라 추성유가 펴낸『지리대전』(총 7권)이 있다.
조선 시대 민간의 풍수책으로는『지리총론』『도선비책』『설심경』
『팔역지』등이 있으며, 여기에 언급하지 않은 수많은 책이 있다.

『경국대전(經國大典)』에 규정되어 있는 지리학과 시험에 합격하
려면 앞서 이야기한 책들이 필수였다. 이러한 풍수사상으로 조상
의 영(靈)을 편히 모시려는 노력 그 자체가 조상 숭배와 보본반시
(報本反始; 조상의 은혜에 보답함)의 전통이라 하겠다.

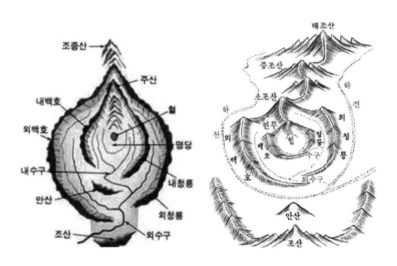

▲ 함께 참고하면 좋은 산형도

36

산의 모양과 풍수 용어

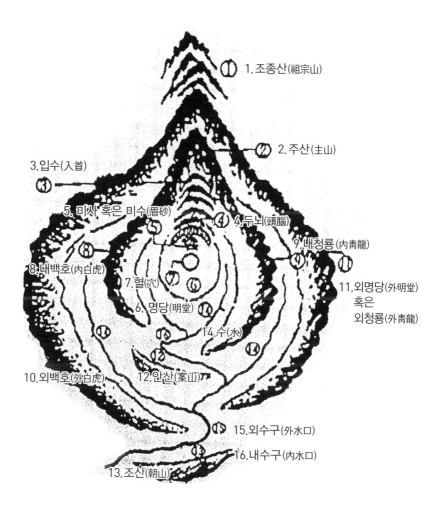

1. 조종산(祖宗山)
2. 주산(主山)
3. 입수(入首)
5. 미사, 혹은 미수(眉砂)
4. 두뇌(頭腦)
9. 내청룡(內靑龍)
8. 내백호(內白虎)
7. 혈(穴)
6. 명당(明堂)
11. 외명당(外明堂) 혹은 외청룡(外靑龍)
10. 외백호(外白虎)
14. 수(水)
12. 안산(案山)
15. 외수구(外水口)
16. 내수구(內水口)
13. 조산(朝山)

▲ 산형도

참고로 산형도는 산의 형태에 따른 명칭이다. 통상 사세통설 (四勢統說)에 따르면 주작, 현무, 좌청룡, 우백호를 기본으로 한다. 주작이란 혈을 중심으로 앞에 위치한 안산(案山)을 말하며, 현무는 뒤에 따라서 뻗어 나온 산맥을 말하고, 백호란 오른쪽으로 솟구쳐 감싼 산을 말하고, 청룡이란 좌편을 감싼 산을 말한다.

풍수의 구성

풍수설에서 길지(吉地)를 고를 때 기본 관점이 되는 것은 산(山), 수(水), 방위(方位)의 3가지다. 풍수의 구성은 이 3가지의 길흉(吉凶) 및 조화(調和)로 성립된다. 이는 풍수설에만 한정된 요소가 아니라, 인간에게도 없어서는 안 될 필요 조건이다. 풍수설이 존재하지 않았던 시대에도 인간 생활을 영위해나가는 데는 이 세 가지를 필수적인 생활 요소로 했다.

풍수의 본질은 생기(生氣)와 감응(感應)이다. 지금부터 이에 대해 알아보자. 앞서 잠깐 언급했지만, 고대 중국의 풍수지리설과 조선의 『경국대전』에 따르면 음양과의 시험과목 중에서 지리학은 중요 과목으로, 수험자는 『청오경』과 『금낭경』 이 두 경전을 암송해야 한다고 규정되어 있다.

『청오경』에서는 풍수의 본질을 다음과 같이 말한다.

百年幻化, 離形歸眞, 精神入門,

백년환화, 이형귀진, 정신입문,

骨骸反根, 吉氣感應, 累福及人.

골해반근, 길기감응, 누복급인.

東山吐焰, 西山起雲, 穴吉而溫, 富貴延綿.

동산토염, 서산기운, 혈길이온, 부귀연면.

其或反是, 子孫孤貧.

기혹반시, 자손고빈.

사람이 늙어 죽는 것은 가화합체(假花合體)인 형태가 분리되어 화합 이전의 진체(眞體)로 돌아가는 것이다. 진체는 정신과 뼈를 일컫는데, 정신은 우주의 정령계(精靈界)로 들어가고 뼈는 뿌리인 땅으로 돌아간다. 땅으로 돌아간 뼈가 길기(吉氣), 즉 길한 기운에 감응하면 그 자손에게 행복이 미친다. 그것은 마치 동쪽 산에 불꽃이 나오면 서쪽 산에 구름이 이는 것과 같이 동기상응(同氣相應) 하기 때문에, 뼈가 길기가 충만한 온혈에 매장되면 그 자손은 부귀를 얻게 되고 이에 반하면 쇠퇴한다고 한다. 이러한 길기감응(吉氣感應)과 천자감응(覊子感應)이 풍수의 본질이라 할 수 있다.

　『금낭경』에는 풍수의 본질을 다음과 같이 서술한다.

葬者乘生氣也. 五氣行乎地中.

장자승생기야. 오기행호지중.

人受體於父母, 本骸得氣, 遺體受蔭.

인수체어부모, 본해득기, 유체수음.

經曰 氣感而應 鬼福及人.

경왈 기감이응 귀복급인.

是以銅山西崩 靈鐘東應. 木華於春 栗芽於室.

시이동산서붕 영종동응. 목화어춘 육아어실.

夫陰陽之氣 噫而爲風 升而爲雲

부음양지기 희이위풍 승이위운

降而爲雨 行乎地中 則而爲生氣.

강이위우 행호지중 즉이위생기.

즉, 장사(葬事)는 생기를 타는 것이다. 오행(五行)의 기가 땅속에 흐른다. 자손은 부모의 유체(遺體)다. 부모의 본해(本骸)가 이 오행의 기를 받으면 부모와 자손은 같은 기를 서로 구하는 까닭에 마치 동산서(洞産西)가 무너지면 영종동(靈種東)이 응해서 소리를 내는 것처럼 본해의 수기(秀氣)는 자손에게 발복되어 나타난다. 그런데 이 땅속을 지나는 오기(五氣)가 음양의 원기(元氣)다. 이 원기는 발양(發揚) 여하에 따라 바람이나 구름 혹은 비가 되는데 이것이 땅속에 흘러 들어갈 때 만물을 낳는 생기가 생긴다. 그리고 원

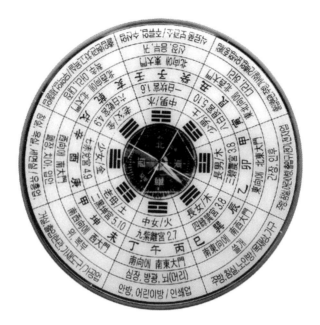

▲ 양택 풍수와 방위

래 음양의 원기가 발현할 경우에는 반드시 '오행'이 되기 때문에 '오기'라고도 한다.

이상이 『청오경』과 『금낭경』에 나타난 풍수의 본질에 대한 기록이다. 우주의 삼라만상은 음양(陰陽)이란 양기(兩氣)가 오기(五氣; 木火土金水)로 활동함으로써 비로소 생긴다. 그러므로 기를 생기(生氣)라고 한다. 만물은 생기에 따라 정교함을 달리하며 성쇠(盛衰)의 차이를 가져오는 것이다.

동일한 생기에서 태어난 것이라도 만물은 모두 제각기 특색과 운명을 가지게 된다. 사람도 이 음양오행의 생기에 의해 태어나며, 생기에 의해 삶을 유지하고 생기를 입는 다소(多少)의 정도에 따라 그 운명을 달리하는 것은 다른 만물과 차이가 없다.

　　인생에서의 귀천과 강약, 빈부, 성쇠 등은 생기를 받는 다과(多寡)에 따라 일어나는 현상으로 보며, 우주의 조화력을 가진 이 생기가 인생에서 만물과의 운명을 지배한다는 것이 풍수설의 본질인 생기론(生氣論)이다.

풍수지리로
좋은 터 고르기

동쪽은 높고 서쪽은 낮은 곳이 좋다

선조의 묏자리가 주는 기(氣)가 후손을 잘되게 한 것인지, 집터가 좋아 훌륭한 후손을 낳았는지 어느 한쪽으로만 단정할 수는 없다. 그러나 일반적으로 집터는 현재 그 집에 사는 사람에게 영향을 미치고, 묘지는 자손 대대로 영향을 미친다고 전해진다.

　보통 사람들은 "동쪽은 높고 서쪽은 낮은 곳이 좋다."고들 한다. 정말 그럴까? 과거 선조들은 집터로 어떤 곳을 선호했는지 풍수지리적으로 알아보자.

유교 문화권인 우리나라와 일본을 비교해보면 일본은 집터(양택)에 더 깊은 관심을 기울이는데 우리나라는 묘터(음택)에 더 많은 주의를 기울이고 있다. 하지만 양택도 음택 못지 않게 중요함을 이미 알고 있었다.

한반도 역사를 거슬러 올라가 보면 임금을 만든 집에 대한 첫 공식 기록은 『삼국유사』에 나타나 있다. 신라 4대 왕인 탈해왕은 어렸을 때 경주 토함산에 올라가 7일 동안 머물면서 초승달 형태의 집터를 발견하고 꾀를 써서 이 집을 차지했고, 이 집 덕분에 그는 후일 왕이 되었다.

고려 태조 왕건도 출생이 풍수지리의 양택에서 연유되며, 조선 태조 이성계의 생가 이야기도 마찬가지다.

이성계는 고려 충숙왕 4년(1317년) 10월 11일 지금의 함남 영흥에서 태어났는데, 이성계가 왕이 된 것은 이성계의 태반을 근방의 정자리 연못에 묻었기 때문이라고 전해진다. 일찍이 이곳을 지나던 무학대사가 왕기(王氣)가 일어날 수 있는 지역임을 감지하고, 이성계의 아버지 이자춘에게 아들이 태어난다면 태를 반드시 연못에 깊이 묻으라고 일렀다는 것이다. 이후 풍수지리적 조건을 갖춘 집에서는 왕이 태어날 수도 있다는 생각이 조선 시대 때 신앙처럼 번져갔다. 따라서 풍수지리에 관한 연구도 활발할 수밖에 없었다.

음택과 양택에 대한 풍수지리는 다를 바 없다. 다만 음택이 한 사람을 위한 자리임에 비해 양택은 여러 사람과 함께 기거한다는 점에서 범위가 더 넓다고 할 수 있으나, 양택의 영향은 고인이나 후손에 미치지 않고 오직 그곳에 거주하는 사람에게만 미친다는 게 차이점이다.

양택론의 원리

양택론에는 전해오는 몇 가지 원리들이 있다. 먼저 대지의 모양은 원만하고 방정해야 한다. 여기에 지질은 신선도가 뛰어나야 하고 수질은 맑고 담백한 것을 최고로 친다. 울타리는 가옥과 음양이 조화되어야 하고 통풍할 수 있어야 한다. 특히 가옥의 외벽과 울타리 사이에는 바람이 감도는 것이 이상적이다.

또 담이 집에 비해 높으면 음상(陰相)이고 낮으면 양상(陽相)이라 하는데, 양택에서는 양상을 길(吉)로 본다. 『도선비기(道詵秘記)』에 따르면 다산(多山)은 양이고 고루(高樓)도 양이라 해서 우리나라는 산이 많으므로(다산) 높은 다락(고루)이 있는 집을 짓는다면 국운이 쇠멸할 것이라 했다. 따라서 평옥만 짓고 고옥(高屋)을 금했다. 이 때문에 조선 말기까지 우리나라에는 고층 건물은 물론이고 이층집도 없었다.

참고로 조선 학자 가운데 집터에 대한 풍수론에 관심을 기울인 대표적인 사람은 홍만선(洪萬選)으로 『산림경제(山林經濟)』 복거(卜居)편에 나타난 집터에 관한 내용을 일부 옮겨본다.

집터는 동쪽이 높고 서쪽이 낮은 데가 가장 좋고, 그 반대면 부자는 못 되나 부귀를 누린다. 앞이 높고 뒤가 낮으면 집안이 망하고, 뒤가 높고 앞이 낮으면 가축이 늘어난다. 또 사면이 높고 가운데가 낮으면 비록 부자일지라도 점점 가난해지므로 평평한 터가 가장 좋다. 집터이 남북이 길고 동서가 좁으면 처음에는 운이 나쁘나 후에 잘된다 집의 동쪽에서 흐르는 물이 강과 바다로 들어가면 좋으나, 동쪽에 큰 길이 있으면 가난하고, 북쪽에 큰길을 두면 운이 나쁘며, 남쪽에 큰길이 있으면 영화를 누린다. 사람의 주거지로는 땅이 윤기가 있고 기름지며 밝은 곳이 좋고, 건조해 윤택하지 않은 곳은 나쁘다.
탑이나 무덤터, 절, 사당터, 대장간, 군영터, 전쟁터는 살 곳이 못 된다. 큰 성문 입구와 옥문을 마주 보는 곳 역시 좋지 않으며 네거리 입구, 산등성이가 곧바로 흘러내린 곳, 흐르는 물과 맞닿은 곳, 여러 물이 모여서 나가는 곳, 초목이 나지 않는 곳은 나쁘다. 옛길, 영단(靈壇)과 신사 앞, 불당 뒤, 논자리, 불을 땠던 곳은 모두 불길하다.

좋은 집터 찾기

이제 풍수 사상의 양택론에 전해오는 좋은 집터의 선택 요령에 대해서 알아보자.

첫째, 집의 방향은 남향 또는 동향으로 햇볕이 잘 들고 따뜻해야 한다. 주거지로 쓸 땅은 사실 방향보다 지질이 좋고 윤기가 있어야 하며 햇볕이 잘 드는 양명(陽明)한 곳을 최고로 친다. 그런데 우리나라는 겨울에는 북서풍이 불고 여름에는 동남풍이 불어오기 때문에, 집의 방향이 남쪽이나 동남쪽을 향해야 겨울에 따뜻하고 여름에 시원하다. 그 반대 방향이면 겨울에 춥고 여름에 덥다. 그러므로 남향 또는 동향의 밝고 따뜻한 집을 좋은 집으로 본다. 모든 생물은 햇볕이 있어야 하는데 같은 햇볕이라도 기가 일어나는 아침 햇볕을 받아야 좋고 저녁 햇볕은 오히려 생기를 잃게 한다.

둘째, 대지는 평평하고 안정감이 있어야 한다. 안정감이란 대지의 형태뿐 아니라 건물 자체에도 적용된다. 경사가 심해 불안한 형태의 가옥은 안정감이 없고, 대지의 모양도 한쪽이 불거지거나 들어간 곳보다는 원만하고 방정한 곳이 좋다.

셋째, 북서쪽이 높고 남동쪽이 경사진 지형에서 산을 등지고 낮은 곳을 바라보는 형태가 좋다. 즉, 전형적인 배산임수로, 뒤에는 산이 있고 남쪽에는 물이나 길(도로)이 있어야 하며 집 앞의 전경이 좋아야 한다.

넷째, 교통이 편리한 곳이어야 한다. 아무리 좋은 물건이라도 효용 가치가 있어야 진가를 발휘할 수 있듯이, 교통이 좋아야 손님도 오고 복도 들어온다. 대지의 사면 중에 최소한 한 면만이라도 도로에 접해야 한다. 그보다 더 좋은 것은 도로의 교차점에 위치해 코너가 되는 대지다. 코너 땅과 그 옆의 땅은 가격 차가 매우 크게 나타나는데 상업지역일수록 코너 땅이 가지는 가치가 더 크다.

다섯째, 정원수도 풍수와 관련이 있다. 집에 정원수를 심는 것은 집을 잘 가꾸고자 하는 취미생활인 동시에, 미래지향의 마음가짐이며 인간의 본성에 따라 자연과 함께하고자 하는 마음이다. 인간이 태어나서 자연의 이치를 거스르지 않고 살아가는 것은 도(道)의 근본이고 역(易)의 대원리다. 그렇기에 인간에게 길흉이 있듯이 식수 또한 길흉이 있다고 본다.

예컨대 집을 중심으로 해 동쪽에는 복숭아나무와 버드나무를 심고, 서쪽에는 산뽕나무와 느릅나무를, 남쪽에는 매화나무와 대추나무를 두고, 북쪽에는 살구나무와 은행나무를 심는다면 동의 좌청룡, 서의 우백호, 남의 주작, 북의 현무를 대신하는 길목(吉木)이 된다. 그리하여 집안의 기운이 번성하고 부귀하게 된다.

나쁜 집터란 어떤 것일까

나쁜 집터는 어떤 것인지 알아보자. 앞에서 좋지 않은 양택에 대해 잠깐 이야기했지만 다시 한번 읽어보는 것이 좋다.

첫째, 막다른 골목 끝에 있는 집은 좋지 않다.

둘째, 생토(生土)가 아닌 매립지도 좋지 않다. 풍수지리 이론에서 땅의 기는 생토에만 있는 것으로 간주하기에, 매립지 위의 주택은 기를 받지 못한다고 생각한다.

셋째, 살던 사람이 망해서 나간 집은 좋지 않다.

넷째, 마당에 연못이 있는 집도 좋지 않다.

다섯째, 원래 있던 두 집 사이의 담을 터서 한 집으로 사용해도 좋지 않다.

여섯째, 이웃한 집에 형과 동생이 나란히 살면 좋지 않다. 형제가 이웃에 살면 형이나 동생 중 한쪽이 잘되는 쪽에 의지하게 되며, 동서 간은 시샘을 일으킬 수 있어 화목하지 못하기 때문이다.

일곱째, 대문에서 안방이나 부엌이 바로 보이면 좋지 않다. 외인이나 내방객의 눈에 안방이 들여다보이면 견물생심(見物生心), 도난의 우려가 생긴다.

여덟째, 벽에 금이 가거나 물이 스며들면 좋지 않다. 기초공사가 제대로 되지 않았을 수 있고 붕괴될 우려도 있다.

양택의 3요소를 알아보자

집을 사거나 새로 지을 때 반드시 길흉을 보아야 할 3대 중요 요소를 양택삼요결(陽宅三要決)이라 한다. 양택삼요결은 중국의『지리오결(地理五訣)』저자인 조구봉이 그의 저서『양택삼요』에서 주장한 이론이다. 대문, 안방, 부엌의 위치를 매우 중요시해 이 셋의 바람직한 배치를 따지는 것이다. 이에 따르면 모든 주택은 동사택(東四宅)과 서사택(西四宅)으로 분류한다. 즉, 8방위에서 동쪽 4방위와 서쪽 4방위 둘로 나누고 여기에 대문, 안방, 부엌 등의 배치방식을 따지는 내용으로 양택풍수의 근간을 이루고 있다.

양택삼요결에서 제일 중요시하는 것은 대문의 위치다. 대문은 집 안의 공기를 대량으로 환기해줄 수 있는가, 사람이 드나들기 편안한가를 따지기 때문이다. 예컨대 똑같은 남향집이라 대문이 남동쪽에 있는 집을 생기택(生氣宅)이라고 한다. 이러한 집은 부부가 해로하고 영예로운 일이 많으며 대대로 영화를 누린다. 또 식구가 모두 건강하고 부녀자도 현숙하며 고루 귀하게 되기에 제일 길한 집으로 풀이하고 있다.

그러나 똑같은 집이라도 대문을 북동쪽으로 내면 오귀택(五鬼宅)이 된다. 이러한 집은 관재구설(官災口舌), 도둑, 화재 등으로 집안이 망하며 부자간이나 형제간에 불화가 생길 수 있고 부부간 상극하고 아들이 다치거나 부모에게 불효하는 등 많은 고통을 당

한다고 해석하고 있다. 동·서사택의 구분은 동양철학에서 음양
의 상배(相配)를 기본원리로 삼은 것으로서 『주역(周易)』의 육효(六
爻)를 응용한 구궁도(九宮圖)를 따른다.

참고로 1950년생의 경우 100에서 출생 연도 끝부분 두 자릿
수를 뺀 후 9로 나누고 나면 나머지가 구궁배치도의 숫자가 되
어(100-50=50, 50÷9=5…5) 5가 된다. 그러므로 1, 6, 3, 8, 2, 7은
동사택이 되고 5, 10, 4, 9 숫자는 서사택이 되므로 자기 자신
(1950년생)과 집과 대문의 방향에 따른 좌향은 서사택이 된다고
판단하는 것이다. 또 다른 예를 들어보자. 1970년생의 경우 조견

표에서 5, 1, 4, 9에 해당되므로 이는 서사택에 해당되어 북동, 남서, 서북쪽으로 집의 방향을 배치하는 것이 좋은 배치다.

둘째로 중요시되는 것이 안방, 즉 잠자는 공간의 위치다. '자는 방'은 집터의 생기를 가장 많이 받는다고 보기 때문이다. 지기(地氣)는 좋은 영향은 물론 나쁜 영향도 함께 준다. 따라서 가정주부나 노인, 어린아이와 같이 몸의 저항력이 약한 사람은 자는 방으로 수맥이 지나간다면 수파(水波)가 미쳐 좋지 않은 현상이 발생한다. 혈압이 높은 사람은 중풍에 걸리기 쉽고 신경쇠약증이 있는 사람은 머리가 아프다. 또 불면증에 시달리거나 팔다리가 쑤시고 정서불안 등이 생기기도 한다.

마지막으로 양택의 3요소 중 부엌은 먹을 것을 만드는 곳으로 동쪽과 동남쪽에 배치하는 것이 좋다.

답사로 본
풍수지리와 부동산

크게 커갈 형상의 용인시 구성동

필자는 지난 수년간 "용인의 구성이 지금은 작은 마을이지만 앞으로 용인의 중심 도시로서 큰 구성이 될 것이고, 미래에는 큰 도시로서 용인의 중심축이 될 것이다."라고 주장했다(향후 구성은 용인역으로도 명명될 것이다). 용인의 구성은 그 이름에서 보듯이 풍수적인 입장에서 교통의 요지이자 큰 성, 즉 대도시가 될 거라고 보았다.

실제 2018년 6월에 용인시에서 구성역 일대를 경제 신도시로 개발한다고 발표했다. 그리고 2019년 정부에서 발표한 3기 신도시 신규택지 추진계획에서 구성역 일대 용인시 보정동과 마북동 일대에 용인 플랫폼시티를 건설하겠다고 발표했다. 약 83만 평(275만 7천m²)이니 판교의 3배 규모다. 여기에는 공원·녹지 등 도시기반용지, 주거용지, 첨단산업용지, 상업용지, 복합용지 등이 자리 잡을 예정이다.

2023년 개통을 앞둔 GTX와 원삼면에 들어서는 용인 반도체 클러스터로 인해 구성은 새롭게 탈바꿈할 것이다. 분당-수서 간 고속화도로가 건설되고 향후 동백-구성GTX역-성복역-신봉동 도시철도가 연결되고, 구성-원삼 간 새로운 도로도 건설될 것이다. 구성역 GTX 개통 시 서울역은 17분, 삼성역은 13분이면 갈 수 있다. 이렇게 되면 구성역 일대는 물론 인근 지역, 특히 동백이나 수지 상현동 일대까지 좋은 영향이 미칠 것이다.

많은 사람들이 의아했을 것이다. 서울도 아니고, 개발도 안 되고, 교통 여건도 미비하고, 학교 접근성도 낮고, 편의시설조차 없는 용인의 변방 지역을 이리 추천하니 말이다. 참고로 실제 구성역 일대가 하나의 행정지역으로 묶인 이유는 인근 군부대와 경부고속도로 때문이었다.

구성은 풍수지리적인 면에서 용인의 중심지로서 역할할 수밖에 없는 운명이 예견된 지역이다. 구성(駒城)의 구(駒)는 망아지 망 자로 '말 마'에 '글귀 귀'자가 합쳐진 글자다. 즉, 망아지는 말 새끼로서 앞으로 크게 커갈 형상의 지역이고, 말은 예전의 교통수단으로 교통의 요지가 된다는 의미를 가졌다고 필자는 해석했다.

용인은 '생거진천 사거용인(生居鎭川 死居龍仁)'이라 할 만큼 풍수적인 입장에서 지기(地氣)가 강하고 명당자리가 많아 예로부터 명당터, 길지로 많이 거론되는 지역이다. 고려 문신인 정몽주의 묘지도 있고, 모 전 대통령은 선친의 묘지를 용인 이동면 묘봉리로 이장 후 대통령에 당선되기도 했다.

용인은 모현 등 6개 지역에서 구석기 시대 사람의 생활상이 발견되기도 했고, 신석기 시대의 선돌이나 화살촉이 발견되기도 했다. 백제 시대에는 이 지역을 멸오(滅烏)라 했고, 고구려 시대에는 구성(駒城), 신라 시대에는 거서(巨黍), 고려 시대에는 용구(龍駒)라고 불렀다. 고구려 장수왕은 백제 개로왕을 죽이고 이 지역을 빼앗은 후 구성현이라 불렀다. 즉, 구성은 고구려 시대 때 유래한 지명인 것이다.

큰 성 또는 높은 곳이란 뜻을 가진 구성에는 향후 크고 높은 빌딩이 들어설 것이다. 충청도와 경기도 남부의 지형을 이룬 한남정맥은 용인의 석성산에서 기맥을 북진시킨다. 이 기맥은 법화산 불국산을 거쳐 남한산성에서 멈춘다. 다시 말해 구성은 법화산, 불곡산, 검단산, 청량산(남한산성)으로 이어지며 송파, 강동, 하남에 영향을 미친다.

향후 구성 일대, 수지(성복·상현), 마북, 보정, 동백 인근 지역이 좋은 상승 기운을 받을 것이다. 구성 일대를 개발할 때 토목공사로 흙을 파는 등 소실봉과 예진산에 손을 대면 기가 소실되니 각별히 조심해야 한다.

행운의 집터라 불리는 분당구

분당의 풍수적인 면도 함께 살펴보자. 분당은 남한산성에서 뻗어가던 지맥이 서진해 매지봉을 이루며 분당의 진산(鎭山)이 되고, 탄천과 동막천에서 동진한 물과 분당 저수지에서 서진한 물이 합수해 한강에 이른다. 이처럼 물이 시가지 중심을 통과하는 형태를 풍수에서는 배가 출항하는 형국, 즉 행주형(行舟形)이라고 부르며 돈과 사람이 풍성히 모여 번창할 땅이라 한다. 분당은 풍수에서 말하는 행주형으로 '행운의 집터'로 불리는 지역이다.

그런데 이러한 행주형의 집터에는 금기사항이 있다. 배의 형상이므로 우물을 파면 배가 침몰한다고 여긴다. 평양에서는 이 배를 잡아두려고 물에 닻을 내렸다는 이야기가 전해진다. 1923년 평양의 누각 연광정 앞에 흐르는 강에서 쇳덩이가 발견되었다. 일부 학자들은 1866년(고종 3년) 개화 초기 제너럴셔먼호 사건으로 당시 대동강서 불태워진 배의 잔재라고도 보는 시각도 있으나, 이는 풍수적인 의미에서 배를 고정하는 배의 닻으로 보기도 한다.

분당은 풍수적인 길지로 부자 동리가 될 지역이다. 분당은 향후로도 1기, 2기, 3기 신도시 중 으뜸가는 부자 도시가 될 것이다.

풍수지리와
부동산 Q&A

이장을 해야 할까요

Q. 얼마 전 꿈을 꿨습니다. 꿈속에 아버지께서 나타나셔서는 괴롭고
아픈 표정을 짓고 있다가 사라지셨는데, 엊그제 또 같은 꿈을 꿨어
요. 아버지는 3년 전 돌아가셨습니다. 이런 꿈은 무엇을 의미하는
지 궁금합니다.

꿈속에 부모님이 나타나 괴롭고 아픈 표정을 지었다는 것은
아마도 자손에게 어떠한 암시를 주고자 하는 것인지도 모른다.
사람들에게 과학적으로 증명하기는 쉽지 않으나 영적인 영감의

작용으로 어떠한 일이 신변에 일어나려 할 때 나타나는 일종의 텔레파시 현상으로 보인다. 부모님의 묘소를 한 번 관심 있게 보았으면 한다.

배가 풍랑을 만나 난파되기 전에 배 안에 있는 쥐나 고양이가 모두 배에서 뛰어내리고, 비가 오려 하면 개미가 줄을 이어 왕래하는 현상을 볼 수 있다. 어찌 보면 대부분의 인간이 체득하지 못하는 대자연의 섭리를 다른 동물은 먼저 감지하고 있다고 생각해볼 수 있다. 이러한 현상은 결국 동물인 인간에게도 예외일 수는 없어, 어떤 사람은 생활 주변의 변화를 보고 바로 깨닫기도 하지만 어떤 이는 이를 깨닫지 못하거나 무시해버리기도 한다. 필자의 생각에 이는 단순한 꿈 이전에 부모님이 자손에게 무엇을 암시하기 위한 것으로 보인다. 그러한 현상 대부분은 부모가 가장 사랑하고 또 자신의 뜻을 깨달아 이루어줄 사람에게 잘 나타난다.

풍수에서는 흔히 '염(廉)'이라 해서 관 속에 물이 들어가 있는 것을 수렴(水廉), 나무뿌리가 들어가 있는 것은 목렴(木廉), 불에 유골이 탄 것처럼 되어 있는 것을 화렴(火廉), 유골이 검으면서 푸석거리는 것은 바람을 맞았다고 해서 풍렴(風廉)이라고 부르며, 관 속에 뱀이나 쥐·벌레가 들어 있는 것을 충렴(蟲廉)이라고 부른다. 꿈을 보았을 때 묘에 목렴이나 수렴이 발생한 것으로 보이며 식구 중 가슴앓이를 하고 시름시름 아픈 사람이 있는 것도 그런 연유에서 왔을 수도 있다.

따라서 부모님의 묘지를 지사(地師)를 통해 감정해보고 목렴이나 수렴이면 이장을 권한다. 묏자리가 제대로 된 명당에는 나뭇가지가 뻗어왔다가도 관을 감싸고 있을 뿐 관 속으로 들어가지 못한다. 그러나 묏자리가 좋지 않으면 각종 염이 나타난다.

형국론에서는 입수(入首)가 바위와 흙으로 갈라진 곳, 즉 무덤 위쪽에 수맥이 지나면 반드시 관 속에 물이 괸다고 본다. 이기론(理氣論)에서는 자좌오향(子座午向)인 경우 무덤을 중심으로 서쪽에서 물이 생겨서 동남간((東南間))으로 물이 흘러가고, 입수가 서북방에 있으면 욕수(慾水)로 물이 든다고 본다. 이것은 12운성법으로 풀이한 것인데 물을 하늘(달)이 좌우한다고 믿었기 때문이다.

무덤 속의 시신이 고통스럽다면 후손도 고통스러운 일이 발생된다고 한다. 또한 자손된 도리가 아니다. 그러나 이러한 특별한 경우를 제외하고 이장은 함부로 하는 것이 아니며, 형제자매들과 먼저 협의할 필요가 있다.

다른 나라에서의 풍수지리

Q. 풍수지리는 우리나라만 존재하는 것인가요? 다른 나라에서도 풍수지리가 생활과 밀접한 관계를 갖고 있다면 건물의 예를 들어 풍수지리적 관점에서 설명해주세요.

예전에 모 일간지 런던 특파원이 풍수지리와 관련한 글을 게시한 적이 있다. 영국 기업인들 사이에 풍수지리가 유행해 런던 시내엔 '풍수지리 자문가'라는 신종기업이 등장해 톡톡히 재미를 보고 있다는 내용이었다.

이 글에 따르면 영국 내 많은 유수한 기업들이 풍수지리설에 입각한 사무실 배치 등을 통해 자연의 기(氣)를 흡수하고 종업원들의 능률 향상을 꾀하고 있다고 한다. 기업들은 대부분 잉어 어항과 활엽수 화분을 사무실 내에 두는데, 종업원들의 기를 돋우기 위한 이유라는 것이다. 또 카펫은 행운의 색깔인 붉은색과 검은색으로 바꿨으며, 기가 원활히 통하도록 출입문 주위에는 일절 장애물을 두지 않는다. 회사 차량의 번호판은 행운의 숫자로 이루어지도록 신경을 쓰고 있으며, 간부에게는 되도록 적·흑·녹색의 옷을 권장한다.

이처럼 영국 기업들 사이에 풍수지리가 유행하는 까닭은 이들이 홍콩과 거래가 잦았기 때문이다. 이들 풍수지리 자문가의 풍수지리 상담료는 하루 2,500파운드(약 370만 원)이며, 특정 건물에 기가 항상 모이도록 해주는 처방을 일러줄 경우 무려 5만 파운드(약 7,400만 원) 이상을 받는다고 한다.

풍수적인 해석이 과연 현대사회에 맞냐는 문제는 접어두자. 아직도 우리 사회 곳곳에는 풍수나 역술을 통한 길흉을 긍정도 부정도 하지 않는 것이 현실이다. 서울에 있는 명동성당은 명당

터인데도 성모병원이 들어서면서 명당의 목을 누른 형국이 되었다고 본다. 여의도 국회의사당은 서쪽으로 해가 지는 곳에 위치한 데다 건방풍(북서풍), 즉 살풍을 받아 바람 잘 날이 없다. 서울대학교는 관악산 밑, 북서풍이 몰아치는 곳에 세워져 풍수지리적으로 좋은 터가 되지 못한다. 예로부터 '악'이 붙은 산치고 험하지 않은 산이 없으며, 관악산은 화산으로 풍수적으로 길지로 보기 어렵기 때문이다. 남산3호터널의 관통으로 한국은행은 정문이 정면으로 충(沖)을 받아 사고가 잦자 상업은행(현 한국은행 별관) 쪽의 동문을 내 사용했고 이제는 상업은행에 자주 사고가 발생한다고 보는 풍수학자도 있다.

가령 서초구 방배동에 있는 어느 회사를 놓고 볼 때 동쪽은 우면산(소가 잠자는 모습이라고 해서 붙여진 이름), 곤신방(남서 방향)에는 관악산이 있고, 사면이 도로로 둘러 쌓여 있다. 갑(甲)방에서 효령로를 따라 모든 차가 성난 듯이 달려드니 충(沖)이 된다. 따라서 이 회사는 건물에 충(沖)을 받아 바람 잘 날이 없으니 이를 막으려면 갑방에 나무(사철 푸른 나무)를 심어야 한다. 또한 화산이 건물의 기를 누르고 화(火)기를 뿜고 있으니 화산의 기를 제압할 비보책을 세워야 자력내실을 기할 수 있다. 정문은 동남방으로 옮기면 생기택이 되어 좋을 것이다.

가족 묘지에 대하여

Q. 공원묘지와 납골당, 그 비용을 함께 알 수 있을까요? 가족 묘지를 조성하고 싶은데 몇 평까지 가능한지요.

해마다 서울 여의도만 한 면적(약 8km²)이 묘지로 잠식되고, 전국의 묘지는 남한 면적의 1%에 해당된다. 매년 17만 기씩 늘어나는 것이 전국의 분묘 형태로써 많은 뜻 있는 사람들이 저마다 장례문화의 문제점을 지적한다. 하지만 우리나라 국민들의 매장 선호 의식 때문에 정작 본인이 화장을 하겠다는 응답자는 11%에 불과하다는 설문조사 결과가 있다. 이렇듯 매장문화는 현재 매우 심각한 실정이다. 서울 시내 주차난만큼이나 묘지난도 심각하다고 해도 과언이 아니다.

용미리, 망우리 등 6개 시립묘지의 경우 남은 매장터는 앞으로 2년 이내 바닥날 실정이다. 경기도 파주시 탄현면 동화경모공원은 1993년 9월 이북 실향민을 대상으로 묏자리 분양 모집을 시작했다. 3평에 200만 원이라는 만만치 않은 가격에도 고향에 가까이 묻히기를 원하는 실향민들의 신청이 쇄도했고, 결국 1년 만에 예약이 끝났다. 한편 서울시가 운영하는 시립묘지의 분묘 면적이 6평에서 3평으로 축소된 것은 우리나라가 현재 심각한 묘지난에 있음을 알려준다. 정부에서는 묘지난을 해소하기 위한 정책의 일환으로 대규모 납골당을 건립하기로 한 바 있다.

2001년 1월부터 개인묘지는 9평, 집단묘지는 3평이고, 가족묘지는 30평, 종중·문중묘지는 300평 이하다. 그리고 2001년 1월 13일 이후 분묘설치 기간은 15년씩 3회만 연장이 가능하다. 「장사에 관한 법률」 제14조, 제15조, 제16조를 참고하자. 자세한 사항은 국가법령정보센터(www.law.go.kr/법령/장사등에관한법률)에서 확인할 수 있다.

제14조(사설묘지의 설치 등) ① 국가, 시·두지사 뚜는 시장·군수·구청장이 아닌 자는 다음 각 호의 구분에 따른 묘지(이하 "사설묘지"라 한다)를 설치·관리할 수 있다.

1. 개인묘지: 1기의 분묘 또는 해당 분묘에 매장된 자와 배우자 관계였던 자의 분묘를 같은 구역 안에 설치하는 묘지

2. 가족묘지: 「민법」에 따라 친족관계였던 자의 분묘를 같은 구역 안에 설치하는 묘지

3. 종중·문중묘지: 종중이나 문중 구성원의 분묘를 같은 구역 안에 설치하는 묘지

4. 법인묘지: 법인이 불특정 다수인의 분묘를 같은 구역 안에 설치하는 묘지

제15조(사설화장시설 등의 설치) ① 시·도지사 또는 시장·군수·구청장이 아닌 자가 화장시설(이하 "사설화장시설"이라 한다) 또는 봉안시설(이

하 "사설봉안시설"이라 한다)을 설치·관리하려는 경우에는 보건복지부령으로 정하는 바에 따라 그 사설화장시설 또는 사설봉안시설을 관할하는 시장 등에게 신고하여야 한다. 신고한 사항 중 대통령령으로 정하는 사항을 변경하려는 경우에도 또한 같다. 〈개정 2019. 4. 23.〉

제16조(자연장지의 조성 등) ① 국가, 시·도지사 또는 시장·군수·구청장이 아닌 자는 다음 각 호의 구분에 따라 수목장림이나 그 밖의 자연장지(이하 "사설자연장지"라 한다)를 조성할 수 있다.
1. 개인·가족자연장지: 면적이 100m² 미만인 것으로서 1구의 유골을 자연장하거나 「민법」에 따라 친족관계였던 자의 유골을 같은 구역 안에 자연장할 수 있는 구역
2. 종중·문중자연장지: 종중이나 문중 구성원의 유골을 같은 구역 안에 자연장할 수 있는 구역
3. 법인등자연장지: 법인이나 종교단체가 불특정 다수인의 유골을 같은 구역 안에 자연장할 수 있는 구역

단장·합장은 3,630만 원, 쌍분은 4,715만 원이다. 시립공원은 화장 시 서울, 파주, 고양은 12만 원이나 기타 지역은 100만 원이다.
공원이나 상수도보호구역이 아니라면 인가에서 일정거리 이

상 떨어진 곳에 묘지를 설치해야 하며, 해당 준수사항에 따라 신청하면 사설묘지 허가를 받아 설치할 수 있다. 사설묘지 부지는 장소에 따라 차이가 있으나 대개 5만~10만 원 내외면 구입할 수 있다.

사설묘지는 가능하면 일가친척들이 많은 고향이 좋을 듯하나 요즘에는 고향을 떠나 서울에 사는 사람들이 서울 근교에 가족묘지를 새로 마련하기도 한다. 이러한 가족묘지는 서울에서 차도로 1시간 30분 이내의 거리에 마련하는 것이 성묘나 방문 여건 등에서도 좋다. 다만 가족을 공원묘지나 납골당 혹은 가족묘지 중 어디에 모셔야 하느냐는 문제는 그 가족의 형편에 따라 가족회의에서 결정해야 할 문제다.

『정감록』은 무엇인가

Q. 저는 어려서부터 부모님이나 동네 어른들에게서 『정감록』에 관한 이야기를 많이 들었습니다. 『정감록』은 무엇인가요?

한국 사람치고 『정감록』을 모르는 사람은 없지만 제대로 아는 사람 또한 없다 해도 과언이 아니다. 『정감록』은 인쇄본으로 간행된 지 70년이 넘었지만, 원문의 해석을 제대로 해서 나온 책은 거의 없다. 『정감록』에는 서민들이 즐겨 사용하던 파자(破字)나 비어, 은어, 속어 등이 많이 사용되었기 때문이다. 『정감록』은 조선시대 광해군, 인조 이후의 역모 사건에 반드시 등장해 위정자에게는 더없이 불길하고 사위스러운 존재였다. 조정에서는 금서령을 내리고 위반자는 극형에 처한다고 으름장을 놓았다. 그러나 『정감록』은 날이 갈수록 퍼졌을 뿐 아니라 일종의 민간신앙으로까지 발전했을 정도로 그 신봉자가 수백만에 달했다. 이러한 까닭에 이를 혹세무민하는 미신이라고 비난하는 사람도 많다.

그러나 필자는『정감록』에 대해 당시의 시대적 배경을 참고해 판단하는 것이 옳다고 생각한다. 『정감록』이 출현할 당시는 나라 전체가 사대주의에 물들어 있었고, 왕은 무능한 데다 부도덕했으며 각급 관료들은 철저하게 부패해 민중은 도탄에 빠져 있었다. 이러한 시대에 실의에 빠져 암흑 속을 헤매던 민중에게 민족이 무엇이며 그 주체가 누구인가를 일깨워주고 내일을 향한 희망을 불어넣어 새로운 용기를 갖게 한 것이『정감록』이다.

『정감록』은 남조선설(南朝鮮說; 멀지 않은 장래에 밝은 세상이 도래하는데, 그때 우리 민족이 동북아권의 종주국이 된다는 설)과 후천개벽설(後天開闢說; 세상은 곧 다시 열려서 못난 사람도 잘 살 수 있는 이상적인 도덕 사회가 출현한다는 설)을 낳았고, 역성혁명(易姓革命; 하늘이 악덕한 왕을 내쫓고 유덕한 지도자를 내세워 새 왕조를 세우게 한다는 설) 사상에 고취했으며, 장차 정도령(새로운 지도자)이 나타나서 잘난 사람도 못난 사람도 다 잘사는 지상낙토(地上樂土)를 건설한다고 했다.

『주역』건(乾)괘에는 '잠룡(潛龍)'이라는 말이 있다. 용이 하늘에 오르기 전 승천할 단계를 기다리는 '깊은 못'과 같은 뜻이다. 『정감록』에서는 이 잠룡과 같은 곳으로 십승지가 등장한다. 『정감록』에 나오는 십승지는 60여 곳이 넘는데, 사실 이러한 곳은 경치 좋고 풍수 좋고 기도나 수련하기 좋은 곳으로 쉽게 말해 휴양지나 청정 지역에 해당한다. 십승지에서 때를 기다리다 새로운 시대가 도래하면 그때(역성혁명) 일어서라는 것이 『정감록』의 핵심이다. 즉, 『정감록』은 당시의 어두웠던 시대상을 반영하고 있는 책이라고 할 수 있다.

집터와 수맥

Q. 저의 집 아래 수맥이 지나는지 알고 싶습니다. 집 안에 수맥이 지나가면 몸에 지장이 있고, 묘지에도 수맥이 지나가면 나쁘다고 하는데 그 방지책을 알려주시면 합니다.

수맥이 흐르는지 알고 싶다면 담을 유심히 살펴보면 된다. 금이 두 줄로 일직선으로 나 있거나 돌담이라면 한쪽이 딴 곳에 비해 꺼져 있다든가, 집 안 외벽이 갈라지기도 하고 방바닥이나 타일 등이 깨지기도 하며, 방문이 뒤틀리고 문고리가 잘 잠기지 않거나 벽지가 들뜨기도 한다. 수맥의 정확한 양이나 방향은 정밀점검이 필요하겠지만 집 안 곳곳을 자세히 살펴보면 수맥의 유무를 알 수 있다.

수맥은 일직선으로만 흐르지 않고 굽이쳐 흐르기도 하며, 지상의 지형지물과 반드시 일치하지는 않는다. 지상에 도로가 있듯이 지하에는 수맥이 흐르는 수로가 있어 앞으로 수맥에 관한 지도나 수맥을 이용한 자원화 혹은 규제도 법적으로 따를 것으로 예견한다.

집에 흐르는 수맥은 사람의 인체에 많은 영향을 미치며, 뇌졸중, 고혈압, 류머티즘, 신경성 질환 등 갖가지 피해를 준다. 특히 노인이나 임산부, 어린이에게 피해가 크다. 누구나 한 번쯤은 비가 올 듯한, 날씨가 찌뿌등한 날에 왠지 몸 상태가 좋지 않은 걸 느껴본 적 있을 것이다. 저기압으로 스트레스가 쌓이며 남과 쉽게 다투기도 하고, 신경계통의 병을 앓고 있는 사람이라면 몸이 쑤시고 아픈 등 자각증상을 느끼기도 한다. 이러한 증상들은 수맥이 집 아래로 흐를 때 흔히 느낄 수 있는 증상과 비슷하다.

이러한 수파(水波)는 고층 아파트까지 영향을 미치는데 그 피해는 실로 크다. 만약 집 안에 수맥이 흐른다면 꼭 수파 방지책을 세우라고 권한다. 수맥이 안방 쪽에 흐른다면 잠잘 때 수파가 지나는 곳에서 가능한 멀리 머리를 둬라. 이곳에는 동판을 깔아 수파를 방지하는 것이 좋다. 동판 대신 포일도 가능하다.

수파는 수직으로 작용하기 때문에 동판에 틈새가 생기지 않도록 주의해야 한다. 만일 학생의 방에 수파가 지나가면 집중력이 떨어지고 신체발달에도 좋지 않은 영향을 준다. 참고로 방에 있는 수도관이나 배관은 수맥과 관련이 없다.

수맥이 묘지를 지나면 광정(시체가 묻힌 곳) 안에 물이 차기도 하며 묘지에 심은 잔디가 말라 죽기도 한다. 이것이 앞에서도 다뤘던 수렴이며, 수렴이 발생한다면 이장해야 한다.

풍수지리를 알면
땅이 보인다

대부분의 사람들은 돈을 벌면 땅을 산다고 한다. 그러나 나는 돈을 벌기 위해서 땅을 샀다. 돈이 없으니 땅부터 샀다.

땅에 대한 나의 첫 경험은 우연히 시작되었다. 어느 날 아내와 같이 서울 관악산에 올랐다. 산 정상에서 서울을 내려다보는데, 아내가 문득 "저 많은 집 중에서 우리 집은 없네요."라고 말했다. 그렇다. 그때까지는 내 집 한 채 없이 작은 방 한 칸에 세를 사는 처지였다. 그 순간 머리를 얻어맞은 기분이었다. 별생각 없이 하루하루를 살아가는 것만으로도 만족하며 생활했고, 사실 집이나 땅에 대한 욕심도 없었다. 또 당시 건강이 좋지 않은 나 때문에 아내가 걱정하고 있던 때였다.

그 일이 있고 나서 언제나처럼 산야를 헤매다가 문득 '아내에게 살 집은 하나 만들어주어야 하지 않을까?'라는 생각이 들었다. 지금까지 수십 년간 명산대천의 길지를 찾아서 헤매왔지만 당장 내 집 한 채가 없는데, 길지를 구해봤자 무슨 의미인가?

생각이 바뀌니 그동안 지나쳤던 새로운 모습이 보이기 시작했고, 풍수적 견해 또한 바뀌었다. 땅을 보면 명당뿐만 아니라 돈이 같이 보이기 시작했다. "땅을 사자. 그리고 돈을 벌어보자." 그렇게 마음먹었다.

본격적으로 부동산 투자를 시작하다

다음 날 평소 알던 부동산에 갔다. 돈이 없으니 좀 싼 땅이 있냐고 물었다. 추천받은 땅은 지방에 있는 임야였다. 가격은 평당 750원이었고, 위치를 들어보니 이미 알고 있는 땅이었다. 수없이 전국의 산을 둘러보고 다닌 덕이었다.

"계약합시다." 6천 평을 합게 450만 원에 계약했다. 그리고 4개월 후 그 땅을 평당 1,500원에 팔았다.

얼마 지나지 않아 8월쯤 길을 가다 부동산에 들르게 되었다. 좀 싼 땅이 있는데 살 의향이 있냐고 물어왔다. 지도와 지적도를 보니 이 땅 역시 이미 아는 토지였다. 평당 750원으로 2만 1천 평, 합계 1,500만 원이었다. 직감적으로 이 땅은 사야 한다는 생각이 들었고 그 자리에서 계약했다. 맹지이지만 구거(인공 수로)가 있어서 도로를 낼 수 있는 땅이었다. 이 땅을 계약하면서 계약금 150만 원에 중도금 삼아 150만 원을 더 지불했다. 지방 도시에서 명망 있는 병원장이 소유하고 있던 땅이었다. 잔금은 15일 후에 치르기로 했다

이튿날 계약한 땅의 공시지가를 떼어보니 평당 2,750원이었다. 그런 찰나 부동산에서 어제 계약한 그 땅을 물리면 안 되겠냐는 전화가 왔다. 중도금까지 지불했는데 해약할 수는 없다고 거절했고, 보름 후 잔금을 지불하고 등기를 했다. 그리고 곧 도로를 개설하기 시작했다. 도로를 내는 비용은 1천만 원이었다. 도로를 내느라고 시간이 걸렸으나, 그해 12월 평당 3만 원으로 구입가의 40배 정도인 금액에 그 땅을 팔았다. 길을 내자 구매 희망자가 여럿 나타난 덕분이었다. 땅을 판 돈에 여윳돈을 보태서 처음으로 5층짜리 상가건물을 하나 구입했다. 당시 이 건물에서 나오는 수익만 해도 월급의 2배 이상이었다.

어느 날 길을 지나다가 또 멈춰섰다. 신도시가 들어설 땅이 보였다. 마침 들어간 부동산에 그 땅이 나와 있었고 평당 5천 원, 3천만 원을 조금 넘는 금액에 6,500평을 샀다. 이 땅도 길을 내고 복숭아 과수원을 만들었다. 5년 뒤 아파트 2채를 사기 위해서

평당 2만 2천 원, 즉 1억 3천만 원에 팔았다. 땅을 내놓을 때 평당 2만 원을 받아달라고 했는데, 부동산에서 더 받은 것이다. 더 받은 돈 1,200만 원은 부동산에 다 주었다. 부동산에 내놓은 지 3일 만에 그 땅을 팔고 7일 이내 잔금을 받았다. 그리고 여윳돈을 보태서 당시 초역세권에 아파트 2채를 샀다. 어김없이 잔금 시점에는 50% 이상 가격이 상승했다.

땅 매매계약서를 쓸 때 상대방에게 "꼭 2년만 더 가지고 있으시오! 그때는 10만 원을 받을 수 있을 것이오."라고 했더니 "그러면 당신은 이 땅을 왜 파십니까? 쓸데없는 말은 하지 마세요."라고 핀잔을 했다. 그러나 1년 반이 지나 매수자에게 전화가 왔다. 신도시가 근처에 생긴다는 발표가 나자 그곳을 10만 원에 팔라고 부동산에서 연락이 왔다고 한다. 한번 뵙자고, 꼭 뵙자고, 수차례 계속 전화가 왔다.

결국 그 사람을 만났고 융숭한 대접을 받았다. 탁배기(막걸리)도 몇 잔 하며 연신 고맙다고 말한다. 그는 당시 내가 했던 몇 가지 말을 기억하고 있었다. "그때는 선생님이 좀 이상한 사람인 줄 알았습니다. 그런데 도사님이시군요!" 부동산 투자를 시작한 후 얻게 된 즐거운 추억이다.

부동산을 보는 혜안이 생기다

이렇게 시작된 부동산 투자는 약 20년을 이어갔다. 처음에는 돈이 없어서 부동산의 규모가 작았지만 나중에는 제법 큰 물건을 사고팔았다. 1년에도 몇 차례씩 거래하다 보니 해마다 세금으로 꽤 많은 돈이 나갔다.

그리고 마침내 아내가 원하던 집도 사게 되었다. 하루는 서울에서 전철을 타고 가다 보니 조리형의 명당 자리가 보였다. 즉시 지하철에서 내려 부동산에 문의하자 마침 매물로 나와 있는 물건이었다. 평당 200만 원에 중도금 일부를 주고 바로 계약했다. 복비도 모두 다 부담한다고 했다. 3개월 후 잔금을 지불할 때 시세가 급등해 평당 400만 원으로 올랐다. 매도자는 한동안 집에서 버티더니 결국 집을 비웠다.

원래 있던 집은 단층을 헐어버리고, 3년 후 3층짜리 다가구주택을 지었다. 한동안 맹지였으나 마침 그 앞집이 건축업자였다. 당시 평당 건축비는 100만 원이었는데 130만 원을 준다고 하자 바로 작업에 착수했다. 맹지 탈출로는 그 건축업자의 땅이었으니 당연히 민원도 없었다. 이로써 맹지의 도로 문제도 자동으로 해결했다.

이 조리형의 집터는 최초로 마련한 내 집이다. 나는 이 집에서 사는 동안 돈을 많이 모았다. 건물과 아파트 몇 채, 약 2만 5천여

평의 땅은 대부분 10년 후에 아파트 등이 들어설 자리다. 모두 월세로, 갭 투자는 하나도 없다.

사람들은 가끔 복권에 당첨되었느냐고 물어온다. 아니다. 아내의 말을 들은 후 나는 부동산을 보는 눈, 즉 혜안이 생긴 것이다. 앞이 보이고, 부동산이 보이고, 돈이 보였다. 부동산의 미래가 보였다.

부동산을 사면 보통 길을 내고, 과수원을 만들거나 전원주택 단지를 개발하기도 한다. 오죽하면 전공 분야가 법학이고 직무도 그 분야인데, 토목건축 분야의 설계, 시공, 감리 자격증을 모두 땄다. 제대로 알고 있는 상태에서 토목과 건축을 하기 위해서다. 기술 자격증이 10여 개니 숨은 노력은 말도 못 한다.

땅을 사서 그대로 둔 것은 단 하나도 없다. 모두 노력으로 개발해서 가치를 높였다. 단, 원형은 훼손하지 않았다. 그리고 좀 남기고 던진다. 때론 오래 기다리기도 했지만, 최소 몇 배 혹은 몇십 배씩 남으니 할 만한 투자였다.

나는 늘 시간이 없었다. 새벽 4시에 일어나 농장에 갔다온 후에야 출근했다. 국가의 녹을 먹는 직장이니 출근은 항상 1시간 이전에 했다. 퇴근 후에도 자정은 되어야 모든 일과가 끝났다. 남보다 1시간 빠르게 출근하고 30분 늦게 퇴근하며 공부했다. 그 분야에서 나는 항상 인정받았다. 그러다 보니 40여 년 전부터 아침을 거르고 하루 2끼만 먹는 생활을 아직 유지하고 있다.

세금도 꼬박꼬박 잘 내고, 해외여행도 다니고, 노후는 걱정 없다. 자식들은 아파트 하나씩 주면 되고 나머지는 사회에 환원할 예정이다. 열심히 노력하고 또 노력하며 모든 일에 최선을 다했다. 오죽하면 아내는 내게 "당신은 11번 쓰러져도 12번 일어날 사람"이라고 말한다. 또 "가족의 밥은 안 굶길 사람"이라고 한다. 사실 나의 생활은 항상 아내의 보살핌 덕분에 가능했다.

어려서 관상이나 풍수를 배운 적은 없다. 하지만 여기는 2m만 파면 물이 나오고, 저 묏자리는 장관이 나올 묏자리라는 둥 이곳은 나중에 아파트가 생길 자리라는 둥 하는 누가 들으면 좀 이상한 이야기를 하면서 자랐다. 그런 내가 아내 덕분에 깨달음을 얻은 것이다. 나는 여러모로 부족함이 많지만, 이 부족함을 늘 아내가 채워준다.

몇 년 전 아내가 친정에 아버지 어머니 돌아가셨을 때 갈 만한 산이 없으니 구해달라는 부탁을 했다. 나는 즉시 산을 하나 사서 드렸다. 그러나 장모님이 산을 구입한 원금 1,500만 원을 도로 주셨다. 그 돈을 받아 산 땅 2,700평 중 일부(약 1,500평)를 3개월 후에 팔아 1,500만 원을 도로 드리고, 남은 돈 4천여만 원은 용돈으로 드렸다. 평당 7천 원에 명당자리를 사서 그 일부를 3개월 후 4만 원에 팔고 1,200평이 남았다. 남은 땅 1,200평은 처남들에게 공동명의로 해주었다. 지금 시세는 20만~30만 원은 족히 넘는다. 그리고 얼마 전 돌아가신 처가 부모님은 모두 이곳에 누워 계신다.

풍수를 한답시고 명당만 보고 다니다가 부동산에 눈을 뜨니 돈도 생겼다. 가난한 집안의 장손으로 태어나 집안을 보살피다 보니 45세까지도 내 집 한 채가 없었다. 하지만 이제는 서울 우거(牛居)와 그 외 서울 지역에 건물, 아파트 여러 채 등 물건이 여기저기 많이 생겼다. 모두 부동산이지만 연금과 월세 받아 세금을 낼 만하다. 대부분 서울이나 근교 신도시 등에 있으니 가격이 떨어질 염려도 없고, 모든 건물의 공실도 단 하나도 없다. 이제는 돈도 더 이상 필요 없다. 지금 생각해보면 내겐 이 세상에서 돈 벌기가 가장 쉬웠다.

2장

풍수지리로 땅을 보면
땅의 미래가 보인다

여러 땅 투자 노하우로 자신만의 기준을 세우자

농지 및 임야 투자 기본 상식 정리하기

그린벨트 투자를 알아보자

고수들의 땅 투자: 땅으로 10억 원 이상 번 고수들

여러 땅 투자 노하우로
자신만의 기준을 세우자

고기도 먹어본 사람이 맛을 아는 것처럼 땅도 일단 사봐야 그 매력을 알 수 있다. 땅은 어려울 때 재기의 발판이 된다. 건물에 투자하지 말고 땅을 사라. 다른 재테크에 눈을 돌리지 마라. 건물, 상가, 아파트에 투자하지 마라. 땅에 투자해라. 투자방식을 땅으로 바꾸는 것이다. 지금부터 땅 투자 노하우를 알아보자.

이런 땅을 사라

공장 옆에 붙은 땅을 사라. 혐오시설이나 공해가 심한 공장 옆은 땅값이 싸다. 멀리 보고 땅의 다변성·다용도를 예측한다면 이런 곳에 땅을 사야 한다. 공장들도 언젠가는 이전하거나 탈바꿈하는 날이 온다. 도시를 개발하면서 공장들은 결국 쫓겨나게 된다.

누가 봐도 쓸모없다고 하는 땅을 사야 한다. 개발제한구역(그린벨트), 공원, 녹지지역, 자연녹지지역은 사려는 사람 마음대로 값을 깎을 수 있어 싸게 살 수 있다. 우선 싸게 사서 두고 보면 언젠가는 용도가 생긴다. 땅의 쓰임새는 건축만이 전부가 아니다. 땅의 쓰임새는 다양하다.

오래된 공동묘지 진입로 주위의 땅을 사라. 공동묘지는 명당자리다. 출상은 생활권에서 8km 이내에 이루어지는데 도시는 급속히 팽창하고 있다. 빨리 묘지 앞의 땅을 사두어라.

산(임야) 밑자락에 붙은 땅을 사면 좋다. 뒷산이 개발되면 진입로가 될 수도 있고 합병해야 될 중요한 땅이 될 수도 있다. 특히 밑자락에 붙은 조각필지를 사라. 완만한 산 밑에 붙은 전, 답, 잡종지, 과수원, 초지, 임야에 관심을 가지고 살펴봐라.

땅을 사서 오래 가지고 있을 거라면 비싼 앞 땅을 사지 말고 값싼 뒤 땅을 사라. 앞 땅에 도로가 개설되거나 확장되면 뒤 땅은 앞 땅이 된다. 못 파는 땅부터 사들여야 한다. 뒤 땅이고 맹지고 닥치는 대로 사둔 뒤 장기보유에 돌입하라. 땅은 클수록 좋고 넓은 땅을 확보하는 것이 좋다. 대신 산속 깊이 묻힌 맹지는 안 된다. 무인도 사지 마라. 수요는 적고 공급은 많다.

하자 없고 약점 있는 땅을 싸게 사라. 돈 쓸 일이 급한 땅, 상속받은 땅 등은 등기부상 하자가 없다면 싸게 골라잡아 사도 된다.

원시림 땅은 한 번도 다른 사람에게 넘어간 적이 없는 땅이다. 이런 땅은 기가 왕성해 샀다 하면 큰돈을 벌 수 있다. 그러나 이 사람 저 사람이 굴린, 중개업소에 몇 개씩 있는 땅은 주의하라. 잘못 걸려들면 망한다. 흙을 파간 땅이나 돌을 캐간 땅(채석장)은 사지 마라. 기(氣)가 빠진 땅은 무엇을 하더라도 잘되는 것이 없다.

불난 땅은 남이 사기 전에 빨리 사라. 그러나 건물은 불타 없어지고 나대지로 있는 땅은 재수가 있다.

못 쓰는 땅은 없다. 쓸모없는 땅이나 흠 있는 땅을 싸게 사서 적임자에게 받을 만큼 받고 팔아라. 이런저런 땅은 얼마든지 많으니까 두 눈 부릅뜨고 찾아라.

이런 땅은 사지 마라

주택 옆에 붙은 땅은 사지 마라. 주택 옆에 붙은 땅은 투자 매력이 없는 땅이다. 그 이유는 다음과 같다. 첫째, 땅값이 안 오른다. 둘째, 용도가 정해져 있다. 셋째, 주택지는 주택만 지을 수 있다. 넷째, 소유지를 늘리고 싶어도 이웃과 균형이 깨져서 안 좋다. 다섯째, 공시지가가 높아 세금만 많이 나온다. 이런 땅을 보유한계점에 다다른 땅이라고 한다. 이래도 대지(垈地)를 살 것인가?

주인이 계속 바뀌거나, 분할·합병이 자주 있는 땅은 사지 않는 게 좋다. 지적도를 볼 때 자신이 사려는 땅이 옆 땅을 필요로 하는지 파악해서 미리 대처하되, 인내와 기다림이 있어야 한다. 성급하게 매매를 시도하는 것은 매수자에게 약점을 드러내는 것이다. 팔린 땅 옆에 붙은 땅도 사지 마라.

개인이 택지를 조성한 땅은 사지 마라. 돈 적은 사람들이 걸려들기 좋게, 집어먹기 좋게 분할해 가공한 땅은 팔 때 제값을 못 받는다. 땅에 대해서 아는 것이 많은 사람의 땅은 사지 마라. 땅 전문 사기꾼들은 어디에나 있다. 형질변경 한 땅은 사지 마라. 보기 좋게 쓸모 있는 것처럼 만든 땅에 걸려들지 마라. 건축허가를 내놓은 땅도 사지 마라.

전원주택지로 조성해놓은 땅도 사지 않는 게 좋다. 땅은 원시림을 사두어야 한다. 전원주택지로 조성된 땅은 투자용 땅이 아니다. 전원주택지의 땅값을 이미 빼먹은 것이므로 잘못 사면 손해 보는 수가 있다. 집을 지으면 더더욱 팔기가 힘들다.

관공서나 공공시설물 옆의 땅은 사지 마라. 땅과 집을 포함한 시설물들은 항상 사람과 친화감이 감돌아야 한다. 법조 청사 주변에 장사 잘되는 집 없고 임대 잘되는 곳 또한 없다. 저녁 6시 이후에는 모든 건물이 문을 닫아 저녁 장사도 안된다.

매매는 이렇게 하라

땅은 팔고 싶다고 아무 때나 팔리지 않는다. 땅을 팔 때는 돌아다녀봤자 좋은 값을 받고 팔기가 힘들다. 오를 가치의 80%선에서 땅을 팔아야 땅이 잘 팔린다. 반대로 땅을 살 때는 돌아다니면서 떠도는 땅을 잡아야 한다. 땅을 팔려고 여기저기 돌아다녀서는 절대로 안 된다.

중개업소에 가서 이 땅은 어떻고 저 땅은 어떻다며 평가하고 아는 체하지 마라. 얄미워 보이는 손님에게는 땅 보따리를 끌어안고 보여주지 않는다. 살 땅을 발견했을 때도 감탄사를 터뜨리면 안 된다. 침묵이 무기가 되는 순간도 있다. 중개업소에 가서 너무 있는 체 너무 없는 체하지 말고 적당히 땅 살 돈 있는 눈치만 보여라.

땅을 살 때는 A 중개업소 소개로 사고, 팔 때는 B 중개업소에 가서 팔아라. 그래야 비싼 값에 땅을 팔 수 있다. 중개업소를 여러 곳에 다니면서 땅 팔아달라고 지나치게 요청하면 약점이 잡힐 수도 있다. "그렇게 비싸게 내놓아서 팔리겠어요?"라며 몇 번

진을 빼면 땅값은 똥값이 된다. 땅을 샀다면 중개업소에 쉽게 팔려고 내놓지 마라. 중개업소를 찾아다니면서 돈 벌 기회를 잡으려고만 했다가 돈벼락을 맞을 수 없다.

중개업소에서 자꾸 땅을 팔라고 졸라댈 때는 땅 주위에서 일어나고 있는 일들을 빨리 파악해야 한다. 서둘러 땅을 팔지 마라. 중개업소에서 찾아와 땅을 팔라고 조르면 땅값을 10배 높게 불러라. 도망갔다가 다시 찾아온다. 옆 땅에서 사업이 잘된다고 배 아파할 필요가 없다. 사업이 잘되는 땅은 사려는 사람이 알아서 찾아올 것이다.

일단 땅을 샀으면 푹 삭혀야 한다. 땅은 오래 삭힐수록 좋다. 부득이 땅을 팔아야 할 경우 한 중개업소에만 의뢰하라. 땅을 팔기 1~2년 전부터 중개업소 한 곳과 계속 유대를 가지고 친분을 쌓아가야 한다. 중개업소에서 적임자를 골라주지 않는다면 대성공을 거두기가 어렵다.

땅을 살 때는 10번만 검토해 결정을 내리고, 팔 때는 100번을 생각하고 검토한 다음 팔아라. 땅이 안 팔린다고 교환하지 마라. 부동산을 교환하려는 사람은 대부분 전문 사기꾼이다. 교환한 부동산을 다시 팔려고 할 때야 속았음을 알게 될 것이다.

땅은 꼭 필요한 사람에게 팔고 땅값을 톡톡히 받아라. 사고자 하는 사람과 인연이 있어야 진정 그 사람의 땅이 된다. 땅을 파는 사람에게 기(氣)가 꺾이면 손해를 본다. 땅을 살 때는 항상 옆 땅을 이길 수 있는 묘책을 강구해두어야 한다. 기(氣)가 살아 있는 사람은 땅을 헐값에 사들인다. 누군가 땅을 산다고 하면 그 이유를 먼저 파악해야 한다. 실수로 땅을 팔았으면 만회하는 길은 한 가지다. 다시 돈을 지불하고 땅을 사라.

땅을 거래할 때는 겨울이 좋다. 이듬해 세운 계획 때문에 연말에 땅을 싸게 내던지는 사람이 많기 때문이다.

땅 투자는 이렇게 하라

단기에 땅으로 차익을 얻으려면 도시 근교의 준농림지역을 집중 공략하라. 무자비하게 묻지마식 투자를 하는 게 핵심이다. 단, 여윳돈으로 땅을 사야 한다. 400~500평의 소필지가 팔기 쉬우니 큰 필지는 분할하는 게 좋다. 5필지 정도 가지고 5년마다 매각하는 식으로 돌리면 이보다 안전한 장사는 없다. 땅을 판 돈으로는 다시 땅을 사야 한다. 땅 판 돈의 절반을 땅 사는 데 재투자해야 한다. 다시 사는 땅은 판 땅의 배(倍)를 사야 한다. 땅은 조금씩 사모으는 것이 좋다.

땅 사는 것은 기회고, 땅 파는 것은 배짱이다. 싼 땅이 있다고 대출을 받아 사지는 마라. 이자에 치여 종잣돈까지 날아간다. 급한 눈치를 보이면 거저 빼앗아 가려고 달려든다. 땅을 담보로 돈을 빌려 쓰는 것은 망하는 지름길이다. 돈도 땅도 모두 날아가버린다.

이해타산을 따지지 말고 본능적으로 땅을 사라. 야심이 아닌 본능으로 땅 투자를 하라. 땅은 알아서 자기 몸값을 부풀린다. 이 땅을 살지, 돈을 좀 더 모아서 좋은 땅을 살지, 망설이는 사이 기회는 계속 날아가고 결국 땅을 못 사게 된다.

강조하지만 좋은 땅, 나쁜 땅, 비싼 땅, 싼 땅은 원래부터 그렇게 탄생된 것이 아니다. 가리지 말고 땅을 사서 좋은 땅이 될 때까지 그냥 놓아두어라. 좋은 땅, 나쁜 땅을 구별하지 말고 재력에 맞는 땅을 사야 한다. 좋은 땅이 발전하면 나쁜 땅도 서서히 그 영향을 받게 된다. 땅의 부증성(양이 증가하지 않는 성질)에 의해 좋은 땅은 결국 나쁜 땅을 필요로 하게 되기 때문이다.

못생긴 땅이라도 옆 땅, 앞 땅과 합하면 쓸모 있는 땅이 된다. 땅의 모양과 쓸모는 사람이 만드는 것이다. 오랜 경험이 있는 땅장사는 쓸모없고 못생긴 땅만 골라 싸게 사는 지혜도 가질 수 있다. 예를 들어 직삼각형(송곳형) 땅에 집을 지어 예기치 못한 흉사를 당했다는 이야기를 지방 곳곳에서 들을 수가 있다. 이럴 경우 주변의 땅을 매수해 합필하면 된다.

적은 돈으로 땅을 사야겠다면 흠 있는 땅, 후면 땅 맹지를 사라. 향후 개발되면 맹지에는 길이 뚫리고 후면 땅은 전면 땅이 된다. 여윳돈이 있는 친척과 함께 땅을 사는 방법도 있다. 이럴 때는 끝까지 공동으로 갖고 있다가 팔아야 한다. 자기 지분을 양보하고 분할해줬다가는 손해를 볼 수가 있다.

땅을 살 때는 신속하고 정확하게 판단하고 결정해 번개처럼 계약하라. 용도에 맞는 요지의 땅, 즉 과일형 땅은 망설이고 이리저리 재다가는 기회를 놓친다. 돈을 불리는 데는 땅만 한 물건이 없다. 땅을 사놓으면 벌어놓은 돈은 도망가지 않는다. 땅을 샀다고 하면 왜 다들 잘했다고 할까? 땅에는 미래가 있다는 것을 모두 알고 있기 때문이다.

땅을 샀으면 이렇게 하라

땅을 사면 측량을 하고 경계 말뚝을 박아라. 굳이 건축허가를 내어서 집을 지어서는 안 된다. 땅은 그저 땅으로 두고 지키는 것이 상책이다. 괜한 군돈을 들여 형질변경, 용도변경, 지목변경을 할 필요는 없다. 한정된 가치를 가진 땅은 용도가 축소되고 빨리 팔아야 하는 상황이 발생한다. 땅은 원시림이어야 희소가치가 있다.

땅을 샀다면 그 땅에 무엇을 할까 궁리하거나 구상하지 마라. 땅은 썩지 않으니 당장 착수하려고 마음먹은 사업이 있는 게 아니라면 그대로 두어라. 땅 때문에 사업을 시작하면 돈이 계속 들어가게 된다. 어떤 용도로 적합한 땅인지 계속 연구하라. 직접 땅을 자주 보고 용도에 대해서 주위환경을 살펴야 한다. 한 번 사놓은 나대지에는 어떤 이유로든 건축하지 마라. 땅을 샀으면 땅으로 가지고 있다가 땅으로 팔아야지 욕심을 부리다가는 전문업자의 배만 부르게 한다. 땅이 제 구실을 할 수 있는 잘생긴 땅인지, 도로에 접했는지, 맹지인지, 옆 땅과 합병해야 할 땅인지, 분할해야 할 땅인지, 어떤 용도로 쓸 수 있는 땅인지를 파악하고 주변에 있는 공장, 전원주택, 야외 음식점, 모텔 등의 위치를 예리하게 파악해두어야 한다.

땅을 사도 종전 경작자나 임차인을 바꾸지 말고 그대로 사용하도록 한다. 땅 주변에 상주하는 사람들과 관계를 원만하게 형성하고 유지해야 한다. 그래야 때맞춰 팔아주기도 하고 팔 땅이 나오면 사라고 일러주기도 한다. 땅을 산 후에는 더 사겠다고 설치거나 소문을 내지 마라. 팔린 땅 부근은 땅값이 오르기 마련이다. 옆에 있는 땅이 팔린 값보다 더 받으려 하는 것이 땅 가진 사람들의 공통된 심정이다.

모르는 남남 간에는 공유(共有)로 사지 마라. 얼마에 팔고 언제 팔 것인지에 대해 반드시 분쟁이 일어난다. 서로 마음을 나눌 수 있고 양해를 얻을 수 있는 지인과 공유로 사는 것이 좋다. 공동지분의 땅은 장기전을 견딜 수 있는 돈 많은 사람이 이긴다. 장기전을 견디지 못하는 지분소유자는 싼 가격에 자신의 지분을 내던져야 한다. 땅의 성질을 아는 사람은 싸게 집어먹는다.

땅을 못 판다고 안달할 필요도 없고 못 산다고 서두를 필요도 없다. 억지로 팔려면 손해를 보고, 사려고 서두르면 비싸게 살 뿐이다. 땅은 도망가기도 하고 줄어들기도 한다. 일단 땅을 샀으면 배짱을 두둑이 먹고 수십곱 이상 남는 게 아니라면 팔지 마라.

땅은 10년 가지고 있다면 인삼이 되고, 20년 이상 소유하면 산삼이 된다. 오래 가지고 있다면 주인에게 물심양면으로 도움을 준다. 땅은 마음의 풍요와 심적위안을 주며 자식을 효자로 만든다. 대를 이어 잘사는 부자들이 계속해서 땅을 사 모으는 것만 봐도 알 수 있다.

안 팔리는 큰 땅을 잘 파는 방법

큰 땅은 잘 안 팔린다. 워낙 거액이기 때문이다. 값을 치를 만한 특수 고객만이 매입할 수 있어 시가보다 다소 싸게 내놓아도 웬만한 사람들은 거들떠보지도 않는다. 그런데 이러한 부동산의 생리를 모르면서 큰 땅을 가지고 있는 사람들이 상당수 있다.

큰 땅을 잘 팔기 위해서는 다음의 4단계 과정이 필요하다. 1단계에서는 되도록 비싼 값에 팔겠다는 의지를 가지고 본격적으로 땅 사업을 해야 한다. 2단계에서는 상품을 어떻게 만들면 수요층이 많아질 것인가 연구하고 검토해야 한다. 어떤 상품을 만들 것인가 검토가 끝났다면 3단계로 넘어가 곧바로 상품을 만들 자금, 인원, 전문가 등을 확보해야 한다. 상품화되었다면 4단계에서는 어느 시장에 내놓고 팔 것인지 마케팅 전략을 짜야 한다. 이렇게 사업 계획을 세워놓고 실행에 옮기면 큰 땅을 비싼 값에 팔 수 있다. 주택공사, 토지공사, 지자체에서 땅을 파는 것도 이 같은 사업 계획이 있기 때문에 가능하다.

또 큰 땅을 잘 팔기 위해서는 요령이 있어야 한다. 첫째, 토지 공사처럼 땅 장사를 잘하려면 다수가 필요로 하면서 소액으로 살 수 있는 상품을 만들어야 한다. 땅을 소액투자 상품으로 만들기 위해서는 행정적으로 분할 등기를 끝마쳐야 한다.

둘째, 조각조각 길을 내야 한다. 길은 땅값 상승의 기본이다. 용도에 맞게 충분한 길을 만들어놓아야 상품이 뜬다.

셋째, 다양한 상품을 만들어야 한다. 용도에서 벗어나지 않는 범위 내에서는 다양한 평수의 땅이 고객을 부른다. 예를 들어 음식점을 필요로 하는 고객을 부르기 위해서는 음식점에 필요한 만큼 토지를 분할해야 한다. 이처럼 여관, 모텔, 전원주택, 별장 등 용도에 적합한 땅으로 분할해야 한다.

넷째, 대출 안내도 섭외해놓아야 한다. 가끔 부동산을 구입하려는 사람이 자금이 막혀 주저하거나 조금 모자란 경우도 있기 때문이다.

그 밖의 땅 투자 노하우

❶ 땅을 볼 때는 목적을 가져라

땅을 볼 때는 목적을 가져야 한다. 이용 가치나 용도를 판단하라. 그리고 미래의 형상을 보고 구입해야 한다. 합병이나 분할, 흙 넣기 등 토지를 리모델링하는 것도 좋은 방법이다. 결점 없는 땅은 없다. 모든 조건을 완비한 땅은 드물다.

땅의 물리적 현황을 보려면 땅의 모양, 형태, 경사도, 앉아 있는 방향, 토질, 사용현황 등을 자세히 살펴봐야 한다. 땅의 모양, 즉 주변의 다른 토지와의 경계선이 반듯한지 아닌지는 땅을 활용할 때 매우 중요하다. 일반적으로 도로에 접하는 부분이 좀 더 긴 직사각형의 땅이 정사각형이나 다른 모양보다 활용도가 좋다. 땅이 평평한가, 경사졌는가, 경사도는 어느 정도인가 하는 것도 중요하다.

땅은 반드시 평지 땅을 사라. 경사가 심한 땅, 축대를 쌓아야 할 땅, 너무 내려앉은 땅은 공사비도 만만치 않고 매몰 위험도 크다. 임야나 농지는 형질변경해 가치를 높이는 방법을 찾아야 한다. 농지에서 경사도 15도 이상은 한계농지라고 해서 농지전용이 수월하다. 임야는 경사도가 25도 이상이면 산지전용허가가 나지 않는다.

땅의 지질이나 지반, 과거 이력을 봐야 한다. 암반, 돌산은 사면 안 된다. 과거 공동묘지나 쓰레기 매립장, 갯벌이나 논 또는 늪 등을 매립한 지역은 아닌지 알아보자.

❷ 땅은 도로와 주변 환경이 중요하다

땅은 도로가 있어야 하고 도로가 없다면 도로를 낼 수 있어야 한다. 길이 없는 맹지는 길이 접한 이웃 토지와 합해져야 비로소 그 값을 다한다. 길이 없으면 주택의 건축허가가 나지 않고, 농사를 지을 때도 불편하며, 향후 개발도 불가능하다. 따라서 모든 땅에서 길은 가장 먼저 챙겨야 할 필수적 점검사항이다.

땅의 주변 환경도 중요하다. 땅 자체는 마음에 들고 조건이 좋지만 주변 환경이 좋지 않아 땅으로서 제값을 못 하는 경우가 허다하다. 땅은 부동이고 사람이 마음대로 들어서 옮길 수 없기 때문에 주어진 환경을 인위적으로 피할 수 없다. 땅은 숙명적으로 주변 환경을 영향을 받을 수밖에 없다. 땅 주변에 혐오시설, 위험시설, 기피시설이 있다면 피해야 한다. 쓰레기 매립장은 필연적으로 소음, 악취, 지하수 오염 등의 피해를 입게 된다. 용도도 제한적일 수밖에 없어 잘 팔리지도 않고 땅값도 오르지 못한다. 반대로 주변에 관광명소나 휴양림, 문화재, 공원, 골프장, 스키장, 이름난 계곡이나 바다, 강, 호수, 저수지 등이 있다면 그만큼 유리하다.

땅에 있어서 가장 중요한 것은 위치, 접근성과 도로다. 우리나라는 수도권에 전 인구의 45%가 집중되어 있고, 대부분의 구매력이 수도권에서 나온다. 그러니 도심 인접지나 개발이 될 지역에 투자해야 한다.

3 땅의 권리관계와 규제를 확인하라

땅의 소유권이나 이용권 등에 관한 권리관계도 반드시 점검해야 한다. 유권자가 여러 명으로 공유지분이 되어 있는 땅, 종중의 명의로 되어 있는 땅, 소송이나 경매가 걸려 있는 땅, 압류·가압류·가처분·가등기 등이 덕지덕지 붙어 있는 땅, 수목이나 묘지·건물 등에 지상권이 설정되어 있는 땅, 사망자 명의로 되어 있어 상속등기가 되지 않은 땅, 세금이 체납되어 있는 땅 등은 구입할 때 한 번 더 생각하라.

그러나 이러한 복잡한 권리관계도 경매를 통해 낙찰받으려는 전문가에게는 호재가 될 수 있다. 일반인이 기피하는 물건이 여러 번 유찰되어 오히려 적은 경쟁률에 싼값으로 낙찰받는 기회를 얻을 수 있다는 의미다.

땅에 관련한 공법적 제한과 규제 내용을 파악하고 있어야 한다. 국·공유지나 사유지를 막론하고 모든 땅은 거미줄 같은 공법상 규제를 받고 있다. 대표적인 규제법으로는 「국토의 계획 및 이용에 관한 법률」 「수도권정비계획법」 「개발제한구역지정 및 관리에 관한 특별조치법」 「농지법」 「산림법」 「산지관리법」 「수도법」

「하천법」「공원법」「도로법」「환경기본법」「장사 등에 관한 법률」「건축법」 등을 들 수 있다. 그러나 실무에서는 이러한 법률뿐 아니라 시행령, 시행규칙, 공고, 훈령, 지침, 규정 등과 지방자치단체별로 조례, 예규, 지침 등도 알아둘 필요가 있다. 그 규제내용을 모두 파악하는 것은 규정의 미로에 들어서서 보물찾기를 하는 기분이라고 할 수 있다.

❹ 토지의 개발가능성을 봐라

재테크를 위한 토지 투자에서 중요한 것은 토지의 개발가능성이다. 가능성은 해당 토지뿐만 아니라 그 지역 또는 주변 환경의 개발 전망과 투자회수 가능성을 포함한다. 통상 개발의 최대 호재는 고속도로나 지방도로 또는 포장공사 등 도로의 신설이나 확충, 개선 등이다. 또 나들목 신설, 터널 개통, 철도 노선의 신설 등도 있다. 그 외에도 신도시 개발, 재개발, 공장·대학·대기업·공기업의 유치, 골프장이나 스키장 건설, 대규모 리조트단지 개발, 관광단지 조성 등을 꼽을 수 있다.

이러한 대형 프로젝트를 추진할 때는 그 지역과 주변 토지의 수요를 유발하며 인구유입을 촉진하고 향후 인접토지의 지가를 상승시킨다. 자신의 땅이 이러한 개발구역에 직접 포함되거나 직접적인 개발대상이 아니더라도 개발구역에 붙은 인접지역이 된다면 개발로 인한 수혜를 받아 지가상승을 기대할 수 있다.

농지 및 임야 투자
기본 상식 정리하기

토지에 투자할 때 서울 인근이나 경기도권의 대지나 나대지는 실제 투자가치 면에서 투자이익에 비교해 그 효율성은 적다. 그래서 투자는 농지나 임야가 주를 이루며 실제 투자수익을 기대할 수 있다.

사람들은 농지를 매입하는 것이 매우 어려운 일이라고 생각하다. 하지만 「농지법」 개정으로 농지 소유에 대한 규제가 여러모로 완화되어 접근성이 높아졌다. 지금부터 농지와 임야 투자에 대해서 알아보자.

농지 투자 시 이것만은 알아두자

농지취득자격증명 발급받기

농지 투자를 하기 위해서는 농지취득자격증명(농취증)을 받는 것이 가장 중요하다. 농지를 소유하기 위해서는 반드시 있어야 한다. 농지의 소유권을 이전하고자 할 시 농지소재지 읍·면사무소(산업건설팀) 및 동주민센터에서 신청하면 된다. 구비 서류는 다음과 같다.

- 농지취득자격증명신청서
- 농업경영계획서(농지를 농업경영 목적으로 취득하는 경우)
- 농지취득인정서(농지법 제6조2항2호에 해당하는 경우)
- 농지임대차계약서 또는 농지사용대차계약서(농업경영을 하지 아니하는 자가 취득하려는 지의 면적이 영 제7조제2항제5호 각 목의 어느 하나에 해당하지 아니하는 경우에 한함)
- 농지전용허가(다른 법률에 따라 농지전용허가자 의제되는 인가 또는 승인 등을 포함)를 받거나 농지전용신고를 한 사실을 입증하는 서류(농지를 전용 목적으로 취득하는 경우에 한함)

농취증 접수하면 보통 4일 정도 시간이 소요된다. 농지에 무허가 건축물이 있으면 농취증이 발급되지 않으므로 무허가 건축물을 없애고 농취증을 발급받아야 한다.

특히 경매로 농지를 낙찰받았을 경우 주의해야 한다. 농취증이 없어 관련 서류를 제출하지 못하면 입찰금까지 돌려받지 못하기 때문이다. 따라서 농지에 투자한다면 미리 농취증을 취득해두는 편이 좋다.

농업인은 1년에 120일(4개월)만 농사 목적으로 일하면 되며, 본인 노동력이 1/2 들어가면 자경으로 인정한다. 농지를 매입하고 농사경영계획서의 목적대로 이용하지 않는다면 강매처분 명령이 떨어질 수도 있으니 주의하자.

양도소득세 감면 요건 알아보기

농지는 자경을 8년 이상 했을 경우에는 양도소득세를 감면받을 수 있다. 8년 이상 자경했을 시 1년에 1억 원, 5년간에 걸쳐 총 2억 원의 금액을 감면받는다. 자경이란 말 그대로 직접 농사를 지어야 한다는 것이다. 농지소재지 또는 연접한 시·군·구에 거주하거나 직선거리로 30km 이내의 거리에 거주하면서 농업에 종사해야 한다. 본인이 농사를 직접 지었더라도 사업소득과 근로소득을 합쳐서 3,700만 원 이상이면 감면대상에서 제외한다. 농지는 비사업용토지로서 아무것도 하지 않고 버려두면 양도소득세가 중과되니 주의하자.

Q. 농사를 직접 짓지 않으면 농지에 투자하기 어려운가요? 직접 농사

짓지 못하는 사람은 어떻게 투자해야 하나요?

첫 번째 방법은 농지를 주말농장처럼 영농화하는 것이다. 300평
이하의 땅을 소유해 주말, 체험영농 목적으로 농취증을 발급받으
면 된다. 만약 이런 목적으로 농취증을 신청한다면 농업경영계획
서를 제출하지 않아도 된다. 두 번째 농지임대수탁사업을 이용하
는 방법도 있다. 직접 경작이 어려운 경우 한국농어촌공사에 농
지를 임대위탁하고 전업농에게 5년 이상 장기임대를 해주는 사
업이다.

농지보다 임야 투자

전원주택이나 펜션을 짓는 데는 농지보다 임야가 훨씬 덜 까다롭
다. 임야는 구입할 때 농지취득증명 등의 절차가 없어 훨씬 수월
하다. 농지전용처럼 허가를 받은 후 2년 이내에 집을 지어야 하는
규정이 없고 토목 준공 후 바로 대지가 되기도 한다. 또 임야는 형
질변경허가를 받는 데 드는 비용도 공시지가의 1/3로 저렴해 농
지에 비해 훨씬 적게 든다.

그러나 임야에도 몇 가지 단점이 있다. 농지보다 개발이 쉽고

평당 가격이 저렴하지만 대부분의 임야는 평수가 크다. 대규모로 전원주택단지를 개발하는 경우에는 괜찮지만, 개인이 전원주택 한 채를 짓기에 적당한 작은 평수의 임야는 찾기 어렵다. 또 마을에서 멀리 떨어진 외진 곳에 있거나 도로에서 떨어져 있고 경사가 심하기 때문에 개발비가 많이 들 수도 있으므로, 구입하기 전에 충분한 검토가 필요하다. 도로를 내고, 경사지를 평탄지로 만들고, 축대와 옹벽을 쌓는 등 토목공사를 하는 비용을 계산해보면 배보다 배꼽이 더 클 수 있다.

그런데 임야라 해서 무조건 집을 지을 수 있는 것은 아니다. 농지와 마찬가지로 준보전산지일 경우에만 개발할 수 있다. 보전산지의 경우 농업이나 임업에 종사하지 않으면 전용이 불가능하고 준보전산지는 외지인도 형질변경을 통해 주택을 지을 수 있다.

준보전산지에 집을 짓기 위해서는 산지전용허가를 받아 형질변경을 해야 한다. 산지전용허가를 신청할 때는 사업계획서, 산지전용예정지가 표시된 지형도(축척 1/2만 5천 이상의 지적 표시), 측량업자 또는 한국국토정보공사가 측량한 산지전용예정지실측도(축척 1/6천 또는 1/1,200), 산지의 소유권 또는 사용·수익권을 증명할 수 있는 서류(토지등기사항증명서로 확인할 수 없는 경우) 등을 갖춰 산림청장의 허가를 받아야 한다. 시장·군수는 도로상황, 묘지와의 거리, 주민들의 민원 여부 등을 확인해 허가를 내주게 된다.

산지전용허가 기간은 전용을 하려는 목적을 고려해 10년의 범위에서 결정된다. 「산지관리법」 시행규칙(2011.1.5.)에 따르면 1만m² 미만은 3년 이내, 1만~2만m²는 4년 이내, 2만~3만m²는 5년 이내, 3만m² 이상은 10년 이내다.

토지투자 Q&A

Q. 지목이 임야인 땅 1천여 평을 300평씩 4개로 쪼개어 주말농장으로 팔고자 합니다. 이 경우 주말농장으로 인정될 수 있을까요?

주말농장은 「농지법」상 농지에 한해 인정되는 것이고, 임야의 경우는 적용되지 않는다. 임야에 나무가 없어 오래전부터 밭으로 이용되는 상태라 할지라도 지목은 여전히 임야다. 작은 면적이고 나무가 많지 않다면 등록전환을 통해 토지대장과 지적도를 등록할 수 있지만 지목은 바뀌지 않는다.

농지가 아니더라도 3년 이상 농사를 지을 때는 현황 농지로 「농지법」상의 사후관리를 받는 경우도 있다(현재는 규정이 개정 삭제). 그러나 이 경우에도 지목이 농지로 변경되는 것은 아니다.

결론적으로 지목이 임야인 땅은 주말농장으로 인정되기는 어렵다.

Q. 보전관리지역인 임야가 1,500평 정도 있습니다. 마을 입구에 위치한 낮은 임야고, 왕복 4차선 도로를 끼고 있습니다. 그 옆에 다른 사람 명의의 대지도 있습니다. 제 임야 한쪽에 오래된 무허가 집이 있고, 집 주변의 400평 정도는 평평한 땅입니다. 집을 증축한 후 집 주변 400평 정도를 분할해서 대지로 지목 변경할 수 있나요?

가능하다. 기본적으로 전용하고자 하는 토지까지 차량이 진입할 수 있는 폭 4m 이상의 지적도상 도로나 「건축법」상 도로가 접해 있어야 한다. 단, 현재 주민과 차량이 통행하고 있고 기관(읍·면·동사무소)에서 포장해준 현황도로는 도로폭에 관계없이 건축허가가 가능하다.

이러한 조건이 된다면 임야에서 대지로 변경된다. 이때 취득세를 납부해야 하며, 이는 대지공시지가에서 임야공시지가를 뺀 차액의 2.2%다. 개인이 불가능하므로 임야소재지 시·군청 주변에 있는 토목측량설계사무소에 의뢰해야 하며, 개발행위허가를 받아 토지의 형질변경과 함께 건축 행위가 이루어져야 한다.

Q. 이동식 주택에 대한 고민입니다. 제가 살고 싶은 주택은 3×6(화장실, 주방, 다락)이 있는 주택입니다. 이 주택을 두려면 토지는 크기는 얼마나 잡아야 할까요? 건축허가 역시 궁금합니다. 시골이면 농막 건축허가에 해당되나요?

3×6의 경우 6평 이하에 해당되므로 별도의 건축허가 없이 '가

설건축물신고'만 하면 된다. 이때 토지는 본인의 땅이어야 하고, 위치·면적·구조를 사용기간과 함께 신고한다. 사용기간은 통상 3년으로 하고, 필요 시 연장한다.

농막은 농지에도 설치가 가능하고 전기·수도·가스까지 공급할 수 있으나 정화조는 인정되지 않는다. 만약 필요하다면 이동식 정화조를 별도로 사용해야 한다. 참고로 3×6 목조주택의 경우 2천만~2,500만 원 정도 한다. 토지는 필요한 만큼 구입하는 것도 가능하고 토지를 임대 후 토지사용승낙을 받아 농막을 설치해도 된다.

영구 거주를 목적으로 한다면 건축허가를 받는 편이 좋다. 요즘은 6평이나 12평 정도의 조립식 땅콩주택을 짓는 사람도 많다.

그렇다면 농막에 대해서 알아보자. 농막이란 논·밭·과수원과 같은 농지에 설치하는 원두막이나 공작물 또는 컨테이너 등 가건축물로, 휴식하거나 농기구 등을 보관할 수 있는 임시시설을 말한다. 「농지법」에서 농업인의 편의를 위해 인정하는 임시건축물이기 때문에 상시주거용으로 쓰는 정식 건축물은 아니다. 농가주택도 아니기 때문에 농지전용 없이 설치가 가능하며 농업진흥지역에서도 인정된다.

이에 반해 흔히 말하는 방갈로나 이동식 소형주택은 주거와 숙식을 전제로 하는 소형주택으로 분류되므로 농막이라고 할 수 없다. 「농지법」에 따라 농막을 설치하려면 다음의 요건을 충족해야 한다.

첫째, 농작업 중 휴식과 간이취사 및 농기구·농약·비료 등 농업용 기자재 또는 종자를 보관하는 용도로 사용하는 임시건물이어야 한다. 주거용으로 쓰는 경우나 레저용으로 사용하는 경우 농막으로 인정하지 않는다.

둘째, 농업생산에 직접 필요한 시설로 농업인이 자신의 농업경영에 이용하는 토지에 설치해야 한다. 직접 경작하는 논·밭·과수원에 설치해야 한다. 문리상으로는 300평 미만 농지를 소유하고 체험영농을 하는 도시민은 농업인이 아니기 때문에 설치가 불가능하다고 해석할 수 있지만 법의 취지상 안 된다고 해야 할 이유는 없어 보인다.

셋째, 전기·가스·수도 등은 법이 변경되어 지금은 설치할 수 있다. 그러나 숙식이 가능하고 전기·수도를 끌어들이는 방갈로는 주택으로 취급되므로 농막을 대신해 설치할 수는 없다.

넷째, 연면적이 약 6평(20m²) 이내여야 한다.

다섯째, 「건축법」상 가설물설치신고를 해야 한다. 농지전용신고나 농가주택신축신고는 할 필요가 없다.

그린벨트 투자를
알아보자

그린벨트의 해제와 투자

개발제한구역(그린벨트)의 역사는 1971년 박정희 대통령 시대로 거슬러 올라간다. 박정희 대통령은 과밀도시의 방지와 도시 주변의 자연환경 보전, 도시민의 레크레이션 용지 확보, 도시 대기오염의 예방, 상수원 보호, 국가안보 차원에서 그린벨트를 지정하게 된다.

서울 세종로 사거리는 15km 라인을 따라 폭 2~10km를 영구 녹지지대로 지정했고, 이후에도 8차례에 걸쳐 서울, 부산, 대구, 광주 등과 1974년 4월 전남 여수 일대까지 전국적으로 5,379km²를 그린벨트로 지정했다. 그 면적은 전 국토의 5.4%에 달했다. 그러나 지정지역이 사유지이거나 이미 시가지나 취락지역으로 사용되어 사유재산 침해 논란도 있었다. 1972~1979년까지는 무려 2,526명의 공직자가 그린벨트 관리 부실로 징계를 받기도 했다.

노태우 정권 때 그린벨트 규제가 일부 완화되어 공공건물이나 체육시설 등의 건설이 가능해졌고, 김대중 정부가 들어서면서 그린벨트 내 근린시설 신축을 허용하고 중소도시지역의 그린벨트를 전면 해제했다. 노무현 정권 때는 녹지축 유지에 꼭 필요한 부분은 그린벨트 토지 매수협의제를 통해 직접 사들였고, 이명박 정부 시절에는 반값 아파트 공약 시행을 위해 그린벨트를 해제해 보금자리 주택을 마련했다. 앞으로 문재인 정부도 그린벨트의 해제가 이루어질 것이라고 예상된다. 이러한 관점에서 그린벨트 해제가능 지역을 더듬어본다. 문재인 정부가 향후 어찌할지 두고 볼 일이다.

그린벨트가 해제되면 50만~100만 원 이하의 토지가 500만~1천만 원 이상으로도 거래된다. 해제 지역을 미리 찾아서 투자한다면 해제 시 큰 이익이 창출된다는 이야기다. 그러나 그린벨트 투자는 조심해야 할 부분이 많다. 해제가 유력한 지역은 이미 시가화나 취락, 밭, 창고 등으로 훼손된 지역일 확률이 크다. 다시 말해 나무가 울창한 임야는 해제를 기약할 수 없다. 이런 임야가 해제된다고 하는 기획부동산의 유혹에 빠져서는 안 된다.

해제가능지역 기준은 환경평가 결과 3~5등급지로 다음과 같다. 보존가치가 낮은 20만㎡ 이상 면적, 산지의 경우 표고 70m 이하 지역, 기존 시가지, 공단·항만 등에 인접하고 간선도로·철도 등의 주요 기반시설이 마련되어 있어 대규모 시설 설치 부담이 적은 지역 등이다. 선정 기준에 포함된 지역이더라도 환경훼손 수반지역, 도시 간 연담화 가능성이 큰 지역, 지가관리 실패지역, 공항주변 등 도시개발 억제지역, 도시문제 유발지역 등은 제외된다.

법에서 정한 그린벨트 해제 요건은 다음과 같다. 그린벨트에 대한 환경평가 결과, 보존 가치가 낮게 나타나는 곳으로서 도시용지의 적절한 공급을 위해 필요한 지역이다.

- 주민이 집단적으로 거주하는 취락으로 주거환경 개선 및 정비가 필요한 지역
- 도시의 균형적 성장을 위해 기반시설 설치 및 시가화 면적 조정 등 토지이용 합리화가 필요한 지역
- 지정 목적이 달성되어 그린벨트로 유지할 필요가 없게 된 지역
- 도로·철도 및 하천 개수로로 인해 단절된 3만㎡ 미만 토지
- 그린벨트 경계선이 관통하는 대지로 그린벨트 지정 당시부터 대지 면적이 1천㎡ 이하인 경우

- 그린벨트 경계선 관통 대지의 그린벨트 해제로 공간적 연속성이 상실되는 1천m² 미만 소규모 토지 등

해제지역의 개발은 개발이익의 사유화를 막기 위해 공영개발로 추진된다. 다만 지방재정 여건 및 외자 유치 등을 고려해 민간도 공공기관과 특수목적법인을 구성할 경우 출자비율 50% 미만으로 일부 참여할 수 있다.

수도권에서의 그린벨트 투자

수도권에서 그린벨트로 해제 유력 후보지로 꼽히는 곳은 과천, 하남, 의왕, 고양 등 서울에서 가까운 지역이다. 300가구 이상, 인구 1천 명 정도로 이미 개발된 곳이나 비닐하우스, 도로 등이 나 있어 그린벨트의 기능을 상실한 지역이 그 대상으로 보인다. 그린벨트 해제 예상지는 다음과 같다.

강남 세곡2지구, 서초 우면3지구, 강동 강일3지구, 시흥 매화지구, 월곶 옛 염전터, 의왕, 청개, 오전, 하기동 일대, 과천 고양, 김포 양촌면 학운리, 대곶면, 인천 계양구 백석동, 방축동 일대, 파주 문산읍 선유리, 내포리 등

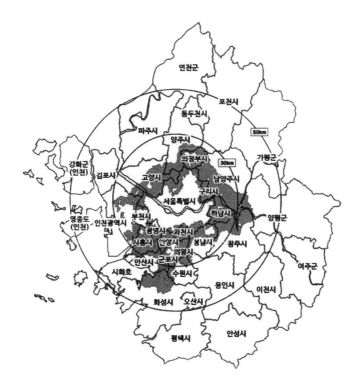

▲ 수도권 지역 개발제한구역 일반현황(©GYEONGGI PROVINCE)

　　과천시 과천동 일대의 그린벨트는 33km² 규모로 해제 1순
위 지역으로 꼽히며 서울과 인접해 있고 지하철 4호선을 이용할
수 있다. 하남시 인근 그린벨트도 서울 근교에 위치해 유력한 해
제 예상지역으로 거론된다. 하남시에는 시 면적의 90% 이상인
89km²가 그린벨트로 지정되어 있어 주거지 확충 측면에서 해제
가능성이 높다. 광명시 역시 서울에서 가깝지만 24.3km²의 그린

벨트가 둘러싸고 있어 임야를 제외한 나머지 지역이 그린벨트에서 해제될 가능성이 있다. 고양시 덕양구 행신동 일대도 전체 면적의 50%인 134km²가 그린벨트로 지정되어 있어 해제 예상지역으로 꼽힌다. 서울은 156km²가 그린벨트로 묶여 있는데 강남, 송파, 서초, 은평 등이 해제 검토대상이다. 서초구 내곡동과 신원동, 원지동 일대 그린벨트는 분당과 인접해 있어 해제가 가장 유력하다. 송파구 마천·거여동과 강남구 수서·세곡동 그린벨트 지역도 분당과 가까워 관심을 모으고 있다.

현재 그린벨트 내에 들어선 아파트 중 상당수가 교통시설 미비 등으로 불편을 겪고 있는 점을 감안하면 기반시설의 공급이 우선되어야 한다. 기반시설 확충을 위해서는 큰 비용이 소요된다. 따라서 고급주택을 지어 친환경성을 살리고 관련 개발이익을 도심 역세권 내 서민주택 공급에 활용하는 게 낫지만, 일각에선 그린벨트 훼손의 정당성과 취지에 맞는 방안을 짜야 하며 무조건 경제적 논리로만 이용해서는 안 된다고 주장한다.

참고로 그린벨트가 해제 시 대부분 해당 토지가 수용된다. 즉, 공익을 위해 그린벨트를 해제하고, 그곳에 체육시설이나 복지시설, 보금자리주택 등을 건축하는 경우만 대부분 해제가 확정된다. 토지수용 시에는 보상금이 통상 공시지가의 1.5배로 지급된다는 것을 유의해야 한다. 그러니 섣부른 투자나 기획부동산의 투자 권유에는 주의를 요한다.

고수들의 땅 투자:
땅으로 10억 원 이상 번 고수들

땅 투자자들은 어떤 방식으로 돈을 벌었을까? 재테크에 관심이 있는 사람이라면 누구나 고수들의 투자기법을 궁금해한다. 땅으로 10억 원 이상 벌어들인 사람들의 기법을 소개해보겠다.

1 개발될 지역을 먼저 찾아라

개발될 지역을 찾는 것은 사실 일반인들에게 쉽지 않다. 그러나 부동산 투자의 감각을 익히고 어느 정도 수준에 이르면 감각적으로도 부동산의 흐름이나 뜰 지역을 알 수 있다.

필자는 지난 노무현 대통령의 선거공약에서 행정수도 구상을 발표할 때 행정수도 후보지는 풍수지리적이나 인문지리적으로 충청남도 연기군 일원이 될 것이라고 확신했다. 행정수도 후보지는 연기군 연기면 일대의 예전에 박정희 대통령이 구상했던 지역이 될 것이고, 정치적 포석으로 충청북도를 의식해 금강 변 충북 지역까지 포함될 것이라고 생각했다. 그 당시 여러 언론사에 기고한 글에도 서쪽은 김종서 장군묘, 남쪽은 대평리 위쪽, 북쪽은 연기천을 경계로 했고, 동쪽은 금강을 품은 충청남북도를 아우르는 지역이라고 기술했고, 당시 그대로 확정되었다

이때 세종시 토지는 매우 저렴했다. 평당 몇천 원, 비싸 봐야 2만~5만 원 수준이었다. 필자는 당시 이 지역의 토지에 많은 투자를 했다. 최근 계획 관리되고 있는 세종시 토지는 통상 100만 원에서 500만 원 정도의 가격을 형성하고 있다.

② 개발예정지역, 도로나 철도가 생길 지역에 투자하라

도시계획이나 택지개발지구, 신도시 건설, 도로 계획, 전철 노선의 입안 계획은 중장기 계획으로 미리미리 입안해 계획하고 공사에 들어간다. 이러한 계획이 발표되는 시점에는 토지가격이 크게 움직이지 않는다. 실제 건설공사가 시행되고 전철이 완공되는 등 변화가 가시적으로 보이면 그때서야 사람들이 투자한다.

그러나 이러한 투자는 가능하면 초기에 투자를 해야 한다. 필자는 실제 대부분의 예정 지역을 미리 알고 투자했으며, 가시화

가 되면 빠져나오는 경우도 있었다. 예를 들어 평창 지역은 투자 선수들은 미리 투자했다가 평창 올림픽이 확정되자 빠져나왔다.

❸ 임업인이나 농업인 지위를 활용하라

일반인들이 투자를 기피하는 지역이 있다. 절대농지나 농림지역인 보전임지다. 보통 투자를 꺼리고 실제 개발도 할 수 없다. 그러나 농업인은 절대농지에 농업인 주택이나 농업용 창고, 농업시설(집하장·사무실·축사 등) 등을 지을 수 있다. 그리고 임업인은 임야를 전용받아 관리사나 농지로 이용, 관광농원도 가능하다. 관광농원의 경우 주택은 물론 펜션이나 체육시설, 수영장, 야영장, 휴양시설, 식당 등 대부분의 사업을 할 수 있다. 또 지목변경으로 인한 효과는 수십 배의 이익을 가져온다.

❹ 공장 창업으로 토지의 가치를 올려라

보전임지나 농림지역 임야라 해도 공장을 창업하면 개발행위가 가능하다. 개발행위로 농림지역 임야 토지의 형질변경이 이루어지면 그 가치는 몇십 배 상승한다. 창업 시 등록세, 취득세 면제나 개발부담금 면제 등의 혜택도 있다. 가치 없는 농림지역 임야를 이용해 창업하면 창업 허가도 쉽게 받을 수 있고 땅의 가치를 수십 배 높일 수 있다.

5 구거를 이용해 맹지를 탈출하라

맹지의 경우 부동산 시세는 저렴하다. 그러나 이 맹지를 탈출할 수만 있다면 부동산 가치는 크게 상승한다. 내 땅에 구거가 인접한다면 구거를 전용해 도로를 개설하면 맹지를 탈출할 수 있다. 참고로 구거의 경우 면사무소를 통해 농로로 포장하면 설령 도로 폭이 「건축법」에 부족더라도 도로로 의제되어서 건축이 가능하다. 그리고 토지가 아주 큰 경우는 토지를 적절히 분필하면 그 가치가 오른다.

6 땅을 개발해 부가가치를 높여라

일례로 필자는 1990년대 초 처음으로 부동산에 투자했을 때 맹지 2만 1천 평을 평당 750원에 구입했다. 효용 가치가 없어 아무도 구입하지 않는 임야였으나 구거를 이용해 도로를 내고 산림훼

손허가를 받아 개발해 4개월 후 그 토지를 평당 3만 원에 매도했다. 처음 토지 투자를 한 것치고는 비교적 무난한 40배의 수익을 낸 투자였다. 구거를 이용했고, 토지를 분필도 했다. 이렇게 개발해 매도하는 전략으로 수익을 낸 것이다.

🟦 급매물을 잡아라

토지를 급매물로 구입할 경우 비교적 저렴한 가격에 구입할 수 있다. 급히 매도해야 하는 상황이라면 매도자보다 구입자의 의견이 많이 반영된다. 급매물이나 부동산 가치가 오를 물건이라면 중도금 일부를 주는 것은 필수다. 만일 부동산 가격이 크게 오를 시기이거나 부동산 가치에 비해 현저히 저렴한 경우, 매도자의 변심으로 해약할 수도 있기 때문이다. 그러니 저렴하게 구입한 물건이나 오를 가치가 있는 경우 중도금을 주면 해약을 면할 수 있다.

실제 앞선 사례에서 평당 750원에 구입했으나 매도자의 변심으로 다음 날 해약 의사를 전달받았다. 하지만 중도금을 주었기에 해약을 막을 수 있었다.

🟦 공인중개사를 내 편으로 만들어라

부동산 물건을 구입 시 종종 시세보다 저렴한 물건이 나오기도 한다. 이럴 경우 공인중개사는 평소에 관계 설정을 잘한 손님에게 연락한다. 관계가 잘 유지되지 않거나 일반인에게 연락하는 경우는 없다. 그래서 평소에 부동산 중개인과의 관계 설정을 잘 하는 것도 좋은 부동산을 저렴하게 구입할 수 있는 방법 중 하나다. 그리고 시골에 가면 원주민이 운영하는 부동산, 이발소, 미용실을 종종 노크해보면 의외의 수확을 얻기도 한다.

9 땅을 사면 개발을 해라

땅을 사면 리모델링이나 땅의 가치를 높이는 방법을 아야 한다. 꺼진 땅이라면 도로면과 같이 복토를 하고, 임야라면 산지전용 혹은 산림경영계획(영림계획)을 해서 부가가치를 높여라. 실제 임야 구입 시 영림계획 후 수종갱신으로 잡목을 베어내고 밤나무만 심어도 가치가 상승한다. 또 수익도 가능하고 밤나무는 농지로 보아 8년 자경의 경우 1년(1과세기간) 내에 최대 1억원, 5년(5과세기간) 내에 최대 2억 원까지 양도소득세를 100% 감면받을 수 있다. 만약 자경농이 4년 이상 농사를 짓던 땅을 팔고 다른 농지를 취득(종전 농지 양도 후 1년 내)해 농사를 짓는 경우, 즉 대토(代土)를 하게 되면 전체 자경기간을 합산해서 8년이 넘으면 양도세 100%를 최대 1억 원 한도 내에서 감면받을 수 있다.

10 땅을 리모델링하라

땅의 모양에 문제가 있다면 인접지 땅과 합병하거나 교환 또는 구입 등으로 땅의 모양을 바꿔라. 실제 땅의 모양이 나쁘면 가치도 떨어진다. 내 땅이 맹지라면 앞에 도로 접근이 가능한 땅을 사고, 앞 땅을 사서 합병하면 도로 전면 땅이 된다. 그리고 내 땅이 앞 땅이라면 뒤에 맹지 땅을 사라. 그리고 합병하면 모두 좋은 땅이 된다.

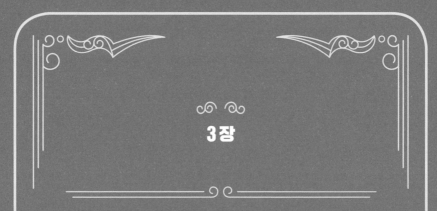

3장

부동산 투자의 기본 다지기

재개발과 재건축, 이 정도는 알아두자

부동산에 투자할 때 재개발과 재건축은 중요한 이슈로 모르고 넘어갈 수는 없다. 지금부터 함께 알아보자.

재개발사업은 주거환경을 개선하거나 상업지역이나 공업지역 등에서 도시기능의 회복 및 상권활성화 등을 목표로 도시환경을 개선하기 위한 사업을 말한다. 정비기반시설(도로·상하수도·공원·공용주차장 등)이 열악하고 노후·불량건축물(주택·상가시설 등)이 밀집한 지역에서 이루어진다. 도시를 새로 계획하고 상하수도, 도시가스 등의 기반시설을 새로 설치해야 하기 때문에 공공사업의 성격이 강하다. 반면 재건축사업은 건축물을 법률에 정한 절차에

재개발과 재건축의 차이

구분	재개발	재건축
근거법령	도시 및 주거환경 정비법	
정비기반시설	열악	양호
조합원 조건	건축물 또는 토지	건축물과 토지 동시 소유
안전진단 실시	미실시	실시(단독주택 재건축 제외)
임대주택 건설	전체 세대수의 20% 내, 재량 10% 이상 (시·도 조례에 따라 다름)	상한용적률과 법정상한용적률 차이의 50%
개발부담금	해당 없음	초과이익환수법 적용
사업 외 보상비	주거이전비, 영업보상비 지급	해당 없음
기부채납	많음	적음
사업진행	상대적으로 어려움	상대적으로 쉬움
투자수익 예측	어려움	가능
실제 투자금	상대적으로 적음	상대적으로 많음

따라 철거하고, 철거한 대지 위에 새로운 주택을 건설하는 등 주
거환경을 개선하기 위한 사업이다. 정비기반시설은 양호하나 노
후·불량건축물에 해당하는 공동주택이 밀집한 지역에서 주로 이
루어진다.

재개발·재건축사업 추진절차

재개발·재건축의 추진절차를 알아보자. 정비구역 기준은 다음과 같다. 필수 항목과 1개 이상의 선택 항목이 부합해야 사업이 가능하다.

정비구역 기준(도시 및 주거환경 정비법 및 서울시 조례)

- 필수 항목: – 구역면적과 사업면적은 10,000㎡ 이상

  – 노후도는 동 수의 2/3 이상

- 선택 항목: – 호 수 밀도 60호/ha 이상

  – 과소필지율* 40% 이상

  – 주택접도율** 40% 이하(조건부 50% 이하)

  – 노후도 연면적의 2/3 이상(조례로 10%까지 완화 가능)

* 과소필지율: 건축대지로서 효용을 다 할 수 없는 작은 토지의 비율(서울시의 경우 대지면적 90㎡ 미만)
** 주택접도율=(전체 건축물 수/폭 4m 이상 도로에 접하는 건축물 수)×100

재개발 · 재건축사업 추진절차

1단계	정비 기본계획 수립 ↓ 정비구역 지정 ↓ 추진위원회 승인	2~3년 소요 (재건축 안전진단 포함, 재개발은 안전진단 없음)
2단계	조합설립인가 ↓ 시공자 선정	1~2년 소요
3단계	사업시행인가 ↓ 종전자산평가 ↓ 조합원 분양신청	투자 결정 단계 (약 1년 소요)
4단계	관리처분계획인가 ↓ 이주철거 ↓ 조합원 동호수 추첨	사업성 공개 시기 (1~2년 소요)
5단계	착공 · 일반분양 ↓ 준공 및 입주 ↓ 이전고시 및 청산	매도 또는 입주 결정 단계 (3~4년 소요)

128

기본계획 수립은 기본계획서를 작성해 주민과 지방의회의 의견을 수렴하는 단계다. 안전진단에서 구청은 노후 상태, 주거환경 등을 평가하고 이상이 있다면 한국시설안전기술공단이나 한국건설기술연구원 등을 안전진단 기관으로 지정해 정밀 진단을 실시한다.

　안전진단을 받은 후 정비구역으로 지정되면 주민들은 추진위원회 구성 및 조합설립 절차에 들어간다. 조합이 설립되면 시공사를 선정하고 조합원들은 사업시행계획서 등을 통해 사업시행을 신청한다. 인가가 내려지면 조합은 건축물 및 대지지분 분배와 재건축 사업완료 후 부담해야 할 분담금에 대한 내용을 담은 관리처분계획을 수립한다. 이후 관리처분계획인가를 받으면 조합은 착공 및 분양을 실시할 수 있다. 공사가 완료되면 구청장에게 준공인가를 받고 입주한다.

　재건축사업은 3가지 중요 요소로 사업성을 분석할 수 있다. 첫째, 재건축 대상 아파트의 세대당 평균 대지지분이다. 예를 들어 아파트의 용적률이 낮은데 소형 평형으로만 구성된 아파트는 사업성이 적다. 둘째, 공사비와 총 사업비의 비율이다. 보통 공사비가 총 사업비의 75%를 차지한다. 셋째, 일반분양 기여금액이다. 세대별 대지지분이 많아서 일반분양에 기여도가 높으면 분담금은 적어지고 사업성은 높아진다.

재개발사업에서의 분양자격 대상

서울에서의 재개발사업은 보유한 나대지(지목 상관 없음)가 90m²를 넘어야만 분양자격이 주어진다. 면적이 그 이하라면 최소 30m²를 넘고 소유자를 포함한 세대원 전부가 무주택자여야만 분양자격이 주어진다. 그러나 무주택자에 가지고 있는 땅이 90m² 이하여도 그게 도로부지라면 분양자격이 없다. 또한 다른 주택과 함께 있던 대지의 일부를 분리해서 소유해도 안 된다(재건축사업은 분양자격이 없음).

재개발사업에서의 분양자격

주택(기타 건축물 포함) 토지 소유		주택, 토지의 평수 무관 분양자격
주택(기타 건축물 포함)만을 소유한 경우		주택의 평수 무관 분양자격
나대지 소유	90m² 이상	2003년 12월 30일 이전 분리. 단독필지·공유지분·지목·필지수·유주택 무관 분양자격
		2003년 12월 30일 이후 분리. 현금청산 분양자격 없고 조례 제36조 규정의 권리가액 산정 시 제외
	30m² 이상 90m² 미만	세대원 전원 무주택자일 시 분양자격 취득(최소 평형)(지목이 도로이며 도로로 이용되고 있는 토지 제외)
	30m² 미만	현금청산대상 (단, 권리가액 산정 시 포함 가능)
도로부지 소유	90m² 이상	지목 이용상황 유주택 무관 분양자격

집합건물 소유	준공 시부터 집합건물일 경우	국민주택 규모 이상은 제약 없이 분양자격 취득 (평가액 다액순)
	2003년 12월 30일 이전 집합건물로 전환한 경우	전용면적 60m²(18.15평) 이하 임대주택분양자격. 단, 건축물 면적 60m²(전용면적 18.15평)를 초과할 경우 국민주택 규모 이상 분양자격 취득(평가액 다액순), 조합정관으로 정할 경우 평가액 다액순으로 국민주택 규모 이상 가능
	2003년 12월 30일 이후 집합건물로 전환한 경우	여러 명의 분양신청자를 1명으로 봄
한 필지 또는 수 필지상 건축물	준공 후 토지와 건물 분리	분양자격 없음(법원의 판결, 상속, 증여, 매매 등 어떠한 경우라도)
	2003년 12월 30일 이전 한 필지 토지를 분리	분리한 토지가 30m² 이상 단독필지일 경우 분양자격 취득
	2003년 12월 30일 이후 한 필지 토지를 분리	분리한 토지는 분양자격 없음(조례 제24조제1항제2호, 제3호 규정의 권리가액 산정 시 제외)
	2003년 12월 30일 이전 공유지분으로 분리	공유지분 면적이 90m² 이상 분양자격 취득
	2003년 12월 30일 이후 공유지분으로 분리	분리한 토지는 분양자격 없음

Q. 사는 동네가 재개발 예정이라 현재 감정평가가 진행 중입니다. 반대하는 주민들(현금청산대상자)이 모여 원주민의 정당한 권리를 찾고 보상금을 더 받을 수 있는 방법을 찾아보려는데 가능할까요?

재개발이 진행되면 서민은 망할 수밖에 없다. 감정평가는 공시지가 기준으로 정해지고 분양금액은 신축아파트 시세를 기준으로 하니, 헐값으로 땅을 뺏는 것이나 다름없다.

감정평가는 사업시행인가일의 공시지가를 기준으로 평가한다. 권리가액이 잘 나온다고 해도 현재 공시지가의 150% 이상은 되지 않는다. 감정은 절대 시세가 아니다. 조합설립동의서에 비례율이 나오는데, 만약 비례율이 100% 미만이라면 향후 권리가액은 공시지가보다 낮을 수도 있다.

재개발에 일찍 동의했다고 해서 보상금이 더 많이 나오는 것은 아니다. 끝까지 동의하지 않는다면 회유하기 위해 신경을 써줄 수도 있지만, 오히려 손해를 보게 할 수도 있다. 재개발은 공익사업으로, 「공익사업을 위한 토지 등의 취득 및 보상에 관한 법률」에 따른다. 생각한 것보다 훨씬 적은 금액이 권리가액으로 잡힌다. 그래서 높은 추가분담금을 요구받기 때문에 재개발 과정에서 원주민 재정착률은 20%에 그친다.

만약 그 과정에 불복한다면 조합을 상대하는 것이 아니라 토지수용위원회를 상대로 수용재결을 해야 한다. 수용재결에도 불복한다면 행정소송을 통해 수용재결을 다뤄야 한다. 생각하는 만큼 단순한 일은 아니다. 버티더라도 결국 보상금 증액만 가능할뿐더러 통상 최초 감정가의 10% 정도다. 이런 이유로 재개발사업에 저항하는 사람들이 늘어나고 있다.

재개발·재건축의 사업성

재개발·재건축의 사업성은 모든 정산절차가 끝나봐야 알 수 있다. 물론 조합원 추가분담금 내역은 관리처분계획인가 시점에 알 수 있지만, 투자할 때는 그러한 상세 정보가 공유되지 않기 때문이다. 대략적인 사업성은 몇 가지만 검토하면 가능하다. 참고로 조합원 분양가는 관리처분계획 때 확정되지만, 일반분양가는 관리처분계획 시점에도 예상가에 불과하다. 실제 확정 분양가는 일반분양 시 부동산 시장의 상황에 따라 정해진다.

　매도자는 사업시행인가 시점이 매도하기 좋다. 프리미엄(P)이 많이 오른 시점이다. 매수자는 관리처분인가 시점이 매입하는 적기다. 대체적으로 추진위원회 구성 시점이 초기 상승 시기지만 사업의 불확실성이 크다. 사업시행인가 시점은 최고가 시기이며, 관리처분계획인가 시점은 실수요자 매입 시기임을 알아두자.

재개발·재건축 투자 시 피해야 할 지역

• 원주민이 많이 거주하는 지역

• 종교시설이 포함된 지역

• 재래시장을 포함해 추진되는 지역

• 통합이나 결합 방식으로 추진되는 지역

• 조합원 간 이해 충돌이 심한 지역

재개발·재건축 투자는 사업속도가 빠른 지역이나 조합설립인가 또는 사업시행인가가 이미 난 지역을 추천한다. '도시환경정비 < 주택재건축 < 재개발' 순으로 사업성이 좋을 확률이 크다. 사업지는 대단지일수록 투자 대비 이익이 우수하다. 다만 대단지 중에서도 중대형 평형이 유리하며 소형 평형은 사업성이 미흡하다. 동일한 정비방식이라면 용적률이 낮은 곳이 사업성 또한 확실하다. 용적률은 가능한 200% 미만이어야 한다. 용적률이 비슷하다면 소유자 수 대비 건립 세대수가 많고, 일반분양이 많은 지역이 좋다. 지역별 좋은 입지와 브랜드도 중요하다.

분담금 산출과정 알아보기

분담금은 조합원 건축원가와 일반분양 기여금액의 차액이다. 따라서 내야 할 분담금은 조합원마다 다르다. 분담금을 구하는 공식은 다음과 같다.

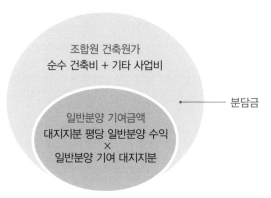

조합원 건축원가
순수 건축비 + 기타 사업비

일반분양 기여금액
대지지분 평당 일반분양 수익
×
일반분양 기여 대지지분

분담금

분담금＝조합원 건축원가*－일반분양 기여금액**

* 조합원 건축원가＝순수 건축비＋기타 사업비
** 일반분양 기여금액＝대지지분 평당 일반분양 수익×일반분양 기여 대지지분

통상 재건축사업장에서 '순수 건축비∶기타 사업비'의 비율은 '75∶25'다. 수익성은 조합창립 총회 책자나 관리처분 총회 책자 등을 분석해 예측할 수 있다.

조합원 건축원가＝순수 건축비(75%)*＋기타 사업비(25%)**＝총사업비

* 순수 건축비＝평당 시공비×계약면적
** 기타 사업비＝기준평형의 순수 건축비×33%

그러하기에 분담금을 산출할 때 일반분양 기여금액이 중요하다. 분담금을 구하는 직접적인 단서가 되기 때문이다. 다음 식에서 일반분양 금액은 주변 시세와 비교해 판단한다.

$$\text{일반분양 기여금액} = \text{대지지분 평당 일반분양 수익}^*$$
$$\times \text{일반분양 기여 대지지분}$$

* 일반분양 수익=대지지분 평당 일반분양 금액×일반분양 기여 대지지분

아파트나 다세대주택 같은 집합건물은 한정된 토지에 여러 채의 주택이 지어지므로 주택 한 채가 갖게 되는 대지지분은 작아진다. 집합건물의 등기사항전부증명서(등기부등본)에서 세대별로 소유지가 소유한 대지의 면적을 알 수 있다. 바로 표제부 '대지권의 표시'란에 기입된 대지권의 비율이다. 만약 대지권의 비율이 '49,330분의 36.1982'라고 나왔다면 전체 대지면적이 4만 9,330m²이고, 이 중에서 대략 36m²가 자신이 소유한 대지지분의 면적이 되는 것이다.

세대당 평균 대지지분=단지 내 총 대지면적/조합원 총 세대수

그럼 어떤 아파트를 골라야 할까? 총 세대수가 적다면 각 조합원이 보유한 대지지분이 많을수록 좋다. 세대수가 중요한 것은 분양물량 때문이다. 저층이라도 소형(10~15평)은 사업성이 떨어진다. 중층이라도 중대형 구성단지는 세대수가 적고, 대지지분이 많아 사업성이 좋다.

같은 단지 안의 아파트라도 단지나 평형에 따라 토지지분 또한 달라지니 재건축 투자 시 참고해야 한다. 가령 목동 5단지의 경우 필자가 추천하는 곳이지만 매입할 때는 용적률을 고려해 상세지분을 고려해야 한다. 가령 5단지 27A는 지분이 19.05평이지만, 55A는 지분이 44.74평이다. 당연히 재건축 시 분담금 비율에 차이가 크다.

만일 비례율이나 조합원 분양가가 일반분양 예상가를 고려했을 때 괜찮은 물건이라면 감정평가액이 높은 물건이 추천된다. 부동산이 상승기일 때 여유가 있다면 감정평가액이 큰 물건, 즉 초기자본 투자가 큰 물건을 매입하는 것이 유리하다. 반대로 부동산 시장의 흐름이 좋지 않아서 일반분양가가 낮아지거나 사업비가 많이 들어갈 듯한 분위기라면 감정평가액이 작은 빌라를 매수하는 게 나을 수 있다.

분당은 투자가치가 있는 아파트가 많다. 몇몇 단지를 제외하고 대부분 준공시기가 1991~1996년으로 20년을 넘어서고 있으며, 재건축 연한(30년)까지 얼마 남겨두지 않은 상태다. 다음 페이지 표는 분당의 아파트 용적률이다. 투자 시 참고하자.

분당아파트 용적률

동명	마을명	단지명	3종 250% (265)	2종 230% (245)	용적률	입주 연도	사업 진행	총대지/m²	총대지/평	세대수	세대당 평균대지 지분/평	용적률 차이
야탑동	장미 마을	동부/코오롱	3종		202.01	93.03.		105331.6	31862.8	2216	14.38	47.99
		장미현대	3종		214.07	93.04.		96705.6	29253.4	2136	13.70	35.93
	매화 마을	공무원 1단지	3종		163.64	95.12.	리모델링	26760.5	7974.1	562	14.19	86.36
		공무원 2단지	3종		200.69	95.07.		49155.8	14869.6	1185	12.55	49.31
		주공3단지		2종	101.22	93.06.		48282.0	14605.3	851	17.16	128.78
		주공4단지		2종	133.23	93.07.		26244.0	7938.8	643	12.35	96.77
	탑마을	대우	3종		209.91	92.12.		46758.9	13993.3	654	21.40	40.09
		기산 경향/ 진덕 쌍용	3종		211.95	93.06.		76715.2	23206.3	1166	19.90	38.05

138

동	마을	단지	3종	2종						
아현동	탑마을	경남/벽산	3종		212.82	94.02.	85493.0	25861.6	1530	16.90	37.18
		진흥		2종	149.88	05.05.	10285.7	3111.4	142	21.91	80.12
		주공8단지		2종	146.17	93.05.	23437.0	7089.7	701	10.11	83.83
	목련마을	한신	3종		166.97	94.12.	13188.2	3989.4	264	15.11	83.03
		영남	3종		167.99	95.10.	14643.0	4429.5	294	15.07	82.01
		SK		2종	179.87	96.10.	11166.9	3378.0	272	12.42	50.13
이매동	이매촌마을	상환	3종		195.92	94.09.	35745.6	10813.0	572	18.90	54.08
		삼성	3종		196.41	94.04.	72511.0	21934.6	1162	18.88	53.59
		동신9차	3종		190.96	92.10.	29292.3	8860.9	458	19.35	59.04
		진흥	3종		214.35	93.03.	40389.2	12217.7	828	14.76	35.65
		성지	3종		162.52	92.10.	19967.5	6040.2	304	19.87	87.48
		청구	3종		174.48	92.07.	50274.1	15207.9	710	21.42	75.52
		동신3차	3종		190.80	92.10.	29305.9	8865.0	460	19.27	59.20

동	마을	건물	종							
이매동	이매촌마을	동부 코오롱	3종	211.94	93.06.		18213.3	5509.5	264	20.87	38.06
		금강	3종	211.46	92.08.		26100.5	7895.4	588	13.43	38.54
		한신	3종	210.34	93.11.		45519.2	13769.5	1184	11.63	39.66
	이음마을	태영/한성/건영	3종	191.05	92.11.		97729.4	29563.1	1350	21.90	58.95
		두산/삼호	3종	198.62	92.09.		75702.0	22899.9	1132	20.23	51.38
		풍림	3종	204.01	93.08.		54750.7	16562.1	876	18.91	45.99
		선경	3종	183.97	93.10.		17033.3	5152.6	370	13.93	66.03
		효성	3종	211.10	95.05.		27507.3	8321.0	388	21.45	38.90
서현동	시범단지	삼성 한신	3종	204.43	91.09.		176642.4	35284.3	1781	19.81	45.57
		한양	3종	201.52	91.09.		123414.1	37332.8	2419	15.43	48.48
		우성	3종	191.64	92.10.		107932.0	32649.4	1874	17.42	58.36
		현대	3종	194.14	91.11.		173922.1	34461.4	1695	20.33	55.86

동	단지	아파트명	종		준공					
서현동	효자촌	현대	3종	185.33	92.05.	47901.4	14490.2	710	20.41	64.67
		동아	3종	187.40	92.07.	37769.5	11425.3	648	17.63	62.60
		삼환	3종	174.59	92.05.	36113.7	10924.4	632	17.29	75.41
		임광	3종	186.80	93.04.	47437.8	14349.9	732	19.60	63.20
		화성 럭키/대우 대창/미래타운	3종	159.57	94.08.	114787.5	34723.2	1608	21.59	90.43
분당동	장안타운	건영	3종	162.12	94.02.	88330.5	26720.0	1688	15.83	87.88
	샛별마을	동성	3종	144.17	92.06.	38947.0	11781.5	582	20.24	105.83
		삼부	3종	144.95	92.05.	40618.0	12286.9	588	20.90	105.05
		우방	3종	211.99	94.04.	43218.0	13073.4	811	16.12	38.01
		라이프	3종	211.39	92.05.	39086.1	11823.5	796	14.85	38.61
수내동	양지마을	한양 5단지	3종		92.04.					

동	마을	단지	층							
수내동	양지마을	금호 1단지	3층	215.92	93.02.	64849.0	19616.8	918	21.37	34.08
		청구 2단지	3층	214.26	92.12.	52995.3	16031.1	768	20.87	35.74
		금호 한양 3단지	3층	215.91	92.05.	55464.6	16173.0	814	19.87	34.09
	파크타운	대림/서한/삼익/롯데	3층	211.82	93.05.	195770.0	59522.9	3028	19.66	38.18
	무지개마을	벽산/쌍용/신성	3층	179.94	93.03.	173443.2	52466.9	2598	20.10	70.06
금곡동	청솔마을	한라	3층	207.99	95.12.	30464.0	9215.4	768	12.00	42.01
		유천 화인	3층	184.12	95.12.	25494.5	8922.1	624	14.30	65.88
		공무원5단지	3층	151.76	94.12.	25210.0	7626.0	474	16.09	98.24
		동아	3층	146.08	95.02.	15848.0	6004.0	204	29.43	103.92
		주공9단지	3층	144.16	95.12.	37994.0	11493.2	1020	11.27	105.84
		성원	3층	210.45	94.08.	29825.0	9022.1	454	19.87	39.55

동	마을	단지	종		날짜	리모델링					
금곡동	청솔마을	대원	3종	205.54	94.05.		51006.8	15429.6	820	18.82	44.46
		계룡	3종	206.87	96.07.		19650.6	5944.3	492	12.08	43.13
		서광 영남	3종	183.98	95.07.		19107.0	5779.9	408	14.17	66.02
정자동	한솔마을	주공4단지	3종	148.11	94.05.	리모델링	595920.0	18026.6	1651	10.92	101.89
		주공5단지	3종	170.43	94.11.		45046.0	13626.4	1156	11.79	79.57
		주공6단지	3종	173.38	95.10.		35596.7	10762.0	1039	10.36	76.62
		LG	3종	211.94	95.06.		40611.2	12284.9	598	20.54	38.06
		한일	3종	154.95	93.10.		29333.0	8873.2	416	21.33	95.05
		청구	3종	155.83	94.05.		54260.6	16413.8	858	19.13	94.17
	느티마을	3단지	3종	178.60	94.12.	리모델링	37627.2	11382.2	770	14.78	71.40
		4단지	3종	180.54	94.12.	리모델링	46622.8	14103.4	1006	14.02	69.46
	샛별마을	우성	3종	213.04 (265.04)	95.01.		98901.0	29917.6	1762	16.98	-15.04
		라이프	3종	202.63	94.06.		46782.2	14151.6	750	18.87	47.37

정자동	생록마을	임광 보성	3종	182.98	95.05.		26781.1	8101.3	568	14.26	67.02
	정든마을	한진6단지	3종	191.65	95.06.		20181.4	6104.9	298	20.49	58.35
		한진7단지	3종	182.98	94.12.		17805.0	5386.0	382	14.10	67.02
		한진8단지	3종	188.58	95.06.		33325.0	10080.0	512	19.69	61.42
		신화	3종	214.82	95.10.		31658.0	9575.9	564	16.98	35.18
		우성6단지	3종	174.02	94.06.		35720.0	10805.3	706	15.30	75.98
		동아	3종	174.02	95.05.		21599.0	6533.7	706	9.25	75.98
구미동	까치마을	롯데/선경/대우	3종	145.83	95.11.		61312.0	18546.9	976	19.00	104.17
		주공2단지	3종	150.66	95.03.		38050.0	11510.1	768	14.99	99.34
		신원	3종	211.73	95.08.		55583.0	16692.9	882	18.93	38.27
		롯데 선경	3종	182.83	95.07.		57093.3	17270.7	1124	15.37	67.17

구미동	무지개 하얀 마을									
주공5단지	3종	131.63	95.08.		29775.0	9006.9	779	11.56	118.37
신한/건영	3종	256.59	96.02.		39782.0	12034.1	964	12.48	-6.59
LG	3종	210.96	95.08.		45091.0	13640.0	888	15.36	39.04
대림	3종	209.98	95.07.		35940.4	10872.0	778	13.97	40.02
주공4단지	3종	170.22	95.12.		25000.8	7562.7	583	13.43	79.78
청구	3종	206.91	95.07.		42500.2	12856.3	932	13.79	43.09
금강	3종	167.99	95.11.		10780.8	3261.2	216	15.10	82.01
삼성/건영	3종	151.90	96.02.		44630.0	13500.6	498	27.11	98.10
주공12단지	3종	153.14	95.07.		435550.0	13173.9	905	14.56	96.86
라이프	3종	142.88	96.01.		22863.0	6916.1	222	31.15	107.12
동아	3종	137.90	95.06.		13297.0	4022.3	132	30.47	112.10
제일	3종	134.89	95.05.		17549.0	5308.6	172	30.86	115.11

사업성 평가에서 중요한 비례율

여기서 몇 가지 사항을 알아야 투자할 때 유리하다. 사업성 평가에서 비례율은 중요한 단서가 된다. 통상 100%가 넘으면 수익이 난다는 뜻이나, 그 이면에 비례율의 조정이 있으니 절대적으로 신뢰할 수치는 아니다. 이러한 추정비례율을 구하는 공식은 다음과 같다.

추정비례율=(종후자산평가액*-총 사업비**)/종전자산평가액***×100

* 종후자산평가액=일반분양+조합원 분양의 총 금액
** 총 사업비=건축비+기타 사업비
*** 종전자산평가액=감정평가한 총 금액

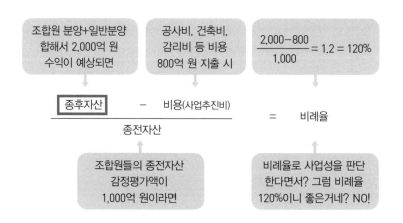

146

수치가 100%보다 높으면 사업성이 좋다고 보며 100%보다 낮으면 사업성이 떨어진다고 보니, 대부분의 사업장은 이에 맞춰 발표한다. 비례율이 100%를 넘으면 법인세를 내야 하고, 100% 아래면 사업성이 떨어진다고 평가해 조합원 운용이 어려워지기 때문이다.

감정평가액과 투자 판단

감정평가액은 보통 시세보다 적게 나온다. 감정평가액이 시세와 비슷하거나 더 높다면 현금청산을 하고 빠져나가는 조합원이 많다. 특히 상가주택이나 근린상가는 현금청산자가 많다. 그러나 감정평가액이 낮은 것이 무조건 나쁘지는 않다. 흔히 감정평가액은 무조건 높게 나와야 조합원에게 유리하다고 생각하지만, 감정평가액이 높아지면 그 합계인 종전자산평가액도 커지게 되므로 오히려 비례율이 낮아질 수 있다.

감정평가액이 적다고 무조건 분담금이 늘어나지도 않는다. 감정평가액이 낮게 평가된 만큼 조합원 분양가를 낮춰주는 경우도 있다. 또 감정평가액이 줄어든 만큼 비례율이 낮아진다면 권리가액은 더 높아질 수 있고, 거기에 일반분양가가 높아질 가능성이 있다면 오히려 이익이다. 따라서 투자할 때는 감정평가액만 보지 말고 비례율, 권리가액, 일반분양 예정가, 조합원 분양가를 종합적으로 고려해 판단해야 한다.

이제 재개발지역 내의 세대수 증감에 대해 살펴보자. 성남 본시가지(수정구·중원구)에는 5개 재개발구역과 3개 재건축지역이 있다. 재개발사업장 중 중1구역, 금광1구역, 신흥2구역은 한국토지주택공사에서 순환재개발방식으로 사업이 진행 중이고, 2개 구역(산성구역, 상대원2구역)은 민간조합방식으로 사업이 진행 중이다. 조합원은 약 1만 1,940세대이고, 세입자는 2만 1,158세대다. 조합원 대비 세입자가 1.77배 많다.

보통 이 지역은 지하 1층, 지상 2층으로 된 구조로 임대인이 1개 층을 사용하고 세입자가 2개 층에 거주한다. 이런 이유로 이 지역 총 세대수는 3만 3,250세대이고, 분양물량은 2만 1,071세대다. 약 10만여 세대가 이사 가야 한다는 이야기다. 그래서 재건축은 세대수가 좀 늘어나지만, 재개발은 세대수가 줄어드는 결과가 나온다. 즉, 서울의 재개발도 세대수가 줄어들어 희소성이 크고, 공급물량이 부족하다는 결론이 나온다.

마지막으로 용적률별 필요 대지지분이다.

- 용적률 250%일 때 25평형은 9.75평, 34평형은 13.25평의 대지지분이 필요
- 용적률 275%일 때 25평형은 8.5평, 34평형은 12평의 대지지분이 필요

• 용적률 300%일 때 25평형은 7.25평, 34평형은 10.75평의 대지
  지분이 필요

재개발·재건축 투자 포인트

재개발·재건축사업에 투자할 때 고려해야 하는 점을 알아보자. 첫째, 기간이다. 기간이 얼마나 걸릴 것인지는 매우 중요하다. 높은 수익률이 발생한다고 해서 무조건 초반에 투자하다가는 나중에 크게 후회한다. 즉, 전체 시장의 흐름을 파악하고 적절한 투자의 타이밍을 포착하는 것이 중요하다.

둘째, 수익성 또는 수익률이다. 수익성을 파악하려면 비례율을 보면 된다. 비례율이 100%를 넘어야 수익이 발생하고, 비례율이 높으면 높을수록 더 많은 수익이 발생한다. 투자자금의 정도도 수익률에 영향을 미친다.

내 집 마련을 위해
꼭 알아야 할 청약

아파트 청약 제도 변천사

내 집 마련을 꿈꾸는 무주택자나 새집으로 이사하길 희망하는 사람이라면 누구나 주택청약통장을 가지고 있을 것이다. 주택청약을 목적으로 만들어진 청약통장은 새 아파트에 보금자리를 마련할 목적으로 오랜 기간 부금을 넣어두는 것이 특징이다.

주택청약제도는 1977년 정부가 국민주택 우선공급에 관한 규칙을 발표하며 시작되었다. 제도 초기에는 국민주택기금으로 지어지는 공공주택에만 적용되었으나, 1989년 청약부금이 도입되며 지금과 같은 청약통장의 모태가 되었다. 과거에는 청약통장 종류가 청약예금, 청약부금, 청약저축 등 3개로 나누어졌지만, 2009년 청약종합저축 상품이 출시되며 하나로 통합되었다.

주택청약제도는 30년 넘게 운영되며 주택 시장의 변화와 함께 규제와 완화를 반복했다. 과거에는 주택청약제도에 2년 이상 가입해야 1순위 자격을, 6개월 이상 가입하면 2순위 자격을 부여했다. 제도 초기인 1970~1980년대에는 청약을 6번 이상 떨어지면 우선당첨권을 주는 0순위 통장도 존재했다. 그러나 0순위 통장의 불법거래 등이 문제로 대두되면서 해당 순위는 폐지되었고, 재당첨 금지기간을 공공 5년, 민영 3년으로 제한하기도 했다. 이 밖에 제도 초기에는 1인 1계좌가 아닌 1가구 1계좌가 적용되기도 했다.

1990년대에 이르러서 민영주택 중 국민주택 유형으로 불리는 85m² 이하 공동주택의 50%는 35세 이상의 5년 이상 무주택자에게만 1순위가 부여되었다. 아파트 분양에 당첨된 적이 있는 사람은 주택 소유 유무를 떠나 1순위에서 제외되었다. 2주택 이상을 가진 다주택자도 1순위에 들 수 없었다. 하지만 1999년 외환위기가 찾아오며 경기침체로 부동산 시장은 폭락했고, 이를 계기로 1가구 1계좌 원칙이 무너지는 등 청약규제는 완화의 변곡점을 맞았다.

2000년대에 들어서며 주택 시장이 회복세를 보이자 청약규제가 다시 등장했다. 투기과열지구제도의 부활과 투기과열지구 전매제한, 공공택지 국민주택 75% 무주택자 우선 공급 등 여러 규제책이 등장했다. 당시에는 재당첨 금지기간이 최장 10년에 이르기도 했다. 2007년에는 현재에도 적용되고 있는 청약가점제가 도입되기 시작했다. 무주택기간과 부양가족, 청약통장 가입기간을 합산해 최대 84점을 만점으로 점수가 높은 순서대로 입주자를 선정했다.

현재의 청약제도는 과거에 비해 많이 유연해진 상태다. 유주택자가 6개월만 가입해도 일반공급 1순위 자격을 얻을 수 있다.

정부는 2018년에 관계부처 합동으로 주택 시장 안정대책을 발표했다. 앞서 국토교통부는 서울 전역과 경기 기초자치단체 7곳, 부산 해운대구를 비롯한 7개 구, 세종시를 조정대상지역 예정지로 지정했다. 투기과열지구로 불리는 이곳에서는 무주택자의 청약 기회가 확보될 뿐만 아니라 1주택 이상 소유주가 청약통장을 통해 청약받는 것이 까다로워졌다.

청약통장 재당첨 기간도 수도권 과밀억제권역의 경우 85m² 이상은 5년, 85m² 이상은 3년으로 묶이게 되었다. 그 외 지역의 경우 85m² 이하는 3년, 85m² 이상은 1년으로 제한을 두었으며, 토지임대주책은 당첨일에서 5년간 제한받는다.

청약제도도 개편되었다. 평형과 관계 없이 분양가상한제 대상 주택이나 투기과열지구 내 주택에 당첨되면 10년간, 조정대

152

주택청약제도 변천사

구분		내용	비고
1970년대 초	도입기	• 특이사항 없음	

1977년 8월	국민주택 우선공급 규칙 시행	• 주택청약제도 시행
		  – 주택의 재테크시대 본격 시작
		  – 공공 부문 주택의 청약 자격 국민주택청약부금 가입자로 한정
		  – 가족이 있는 무주택 세대주 국민주택청약부금 가입자격 부여
		  – 월 1회씩 6회 이상 불입해 50만 원 이상이 된 자에게 아파트 청약 1순위를 부여
			• 선착순 분양, 여의도 아파트
			• 0순위제도: 청약예금 가입자 중 6회 이상 떨어진 장기 낙첨자 우선당첨권 부여
			• 투기진정 목적으로 도입
			  – 0순위권리 프리미엄거래로 복부인을 양산하며 1983년 1월 폐지

1978년	청약예금 확대	• 청약제도 민간부문으로 확대 시행	
1981년	국민주택 청약부금	• 선매청약저축으로 변경	
1983년	제도 변경	• 공공아파트는 청약저축 • 민간아파트는 청약예금	
1984년	제도 변경	• 선매청약저축 청약저축으로 변경 • 재당첨 금지 강화	
1989년	제도 변경	• 청약부금과 청약예금 연동	• 200만 가구 공급정책 시행의 시대 • 1기 신도시 개발 시작
1990년	제도 강화	• 민영주택 1순위에 1세대 2주택 소유자 제외	

1992년	제도 강화	• 민영주택 전매 제한 도입	• 분양가상한제 실시
1997년	제도 완화	• 재당첨제한 완화(수도권), 투기과열지구에 한정	
1999년	제도 완화	• 무주택자 조건 완화—전매 허용 • 투기과열지구 폐지	• 분양가상한제 폐지
2000년	제도 완화	• 공공아파트 재당첨 제한 폐지	• 주택의 절대적 양적공급 부족 문제 해소
2002년	제도 강화	• 투기과열지구 재도입	• 주택 시장 주거의 질적개 념으로 전환 • 고급화, 대형화 본격화
2005년	제도 강화	• 무주택세대주 우선공급 제 도 도입	• 분양가상한제 재실시
2006년	제도 강화	• 전매 제한 강화 • 전매 제한 확대	
2007년	제도 강화	• 청약가점제 확대	
2009년	제도 완화	• 주택청약 종합저축 실시	• 2008년 금융위기로 미분 양물량 16만 가구로 증가 • 청약통장 천만 명 시대 도래
2014년 12월	제도 완화	• 무주택 세대 요건 폐지 • 무주택 세대구성원 누구 나 1가구 1주택 기준 공급	• 9·1대책 후속 조치 – 수요확대 • 청약통장 가입 1년 지나면 누구나 1순위(더 이상의 수 요확대는 의미 없음)

상지역에 당첨되면 7년간 재당첨이 제한된다. 투기과열지구나 66m² 이상 대규모 신도시에서는 청약 1순위 요건이 되는 거주기간이 1년에서 2년으로 늘어났다. 또한 불법 전매 시 10년간 청약이 제한되고 분양가상한제 적용 주택에 5년 의무 주거 등 정책이 2020년 상반기부터 시행되었다.

아파트 청약 방법

2020년 2월부터 아파트 청약 업무가 금융결제원에서 한국감정원으로 이관되었다. 따라서 청약은 앞으로 기존 청약사이트인 '아파트투유'가 아닌 새로운 주택청약시스템인 '청약홈'에서 신청한다. 청약홈에서는 주택 소유 여부, 부양가족 수 등 청약자격도 실시간으로 확인할 수 있다. 청약신청 방법을 알아보도록 하자.

청약홈 홈페이지 접속하기

먼저 청약홈 홈페이지(applyhome.co.kr)에 접속한다. 아파트투유에서 개인정보를 이전받아 운영되기 때문에 기존에 아파트투유를 이용했던 고객이라면 별도의 가입 없이 이용할 수 있다.

청약홈에서는 청약신청자격 정보가 사전 제공된다. 청약신청 이전 단계에서부터 세대원 정보, 무주택기간, 청약통장 가입기간

▲ 청약홈 홈페이지

등 청약자격을 확인할 수 있다. 청약신청 시 청약자격 정보를 신청자가 개별적으로 확인해야 하는 불편함이 해소되었으며 청약신청 단계는 기존 10단계에서 5단계로 축소되었다. 또 스마트폰,

청약홈 이용시간

서비스 구분	이용시간	이용일
주택청약 접수	08:00~17:30	영업일
청약접수 결과 조회	08:00~21:30	영업일, 청약일로부터 3개월 간
신청내역 취소	08:00~17:30	청약신청 당일
입주자저축 가입내역 조회	08:00~17:30	영업일
거주지역 변경	08:00~17:30	영업일
순위확인서 발급 및 발급내역 조회	08:00~17:30	영업일
청약자격사전관리 신청·관리	08:00~17:30	영업일

태블릿 등 모바일에서도 PC와 동일하게 청약서비스를 이용할 수 있다. KB국민은행 청약계좌 보유자도 청약홈에서 청약을 신청할 수 있다.

청약은 신청할 수 있는 시간이 정해져 있다. 주택청약은 영업일 오전 8시부터 오후 5시 30분까지만 접수가 가능하다. 청약 결과 조회는 오전 8시부터 오후 9시 30분까지 청약일에서 3개월간 이용할 수 있다. 신청 취소는 청약신청 당일 완료해야 한다. 청약신청 익일부터는 어떠한 경우에도 취소나 정정을 할 수 없다. 접수내역을 변경하려면 청약접수 당일 청약신청 가능시간 중에 기존에 했던 청약신청을 취소한 다음 다시 신청해야 한다.

아파트 청약 신청하기 1단계

청약홈 홈페이지를 보면 APT(아파트)를 선택한 뒤 특별공급, 1순위·2순위, 무순위/잔여세대로 구분해 신청할 수 있다. 신청하기 전에 미리 청약자격 사전관리를 신청해놓으면 편하다.

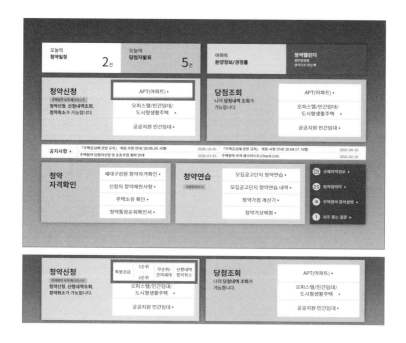

아파트 청약 신청하기 2단계

특별공급, 1순위·2순위, 무순위/잔여세대 중 원하는 것을 선택 후 '청약신청하기'를 누른다. 만약 신청내역을 잘못 입력해 주청약자격 및 순위가 다르게 판명될 경우에는 제재를 당한다.

아파트 청약 신청하기 3단계

주택선택 및 유의사항 확인 단계다. 분양단지 정보는 단지목록 우측에 '+' 버튼을 누르면 확인할 수 있다. 청약신청을 원하는 주택을 선택하고 '다음' 버튼을 누른다.

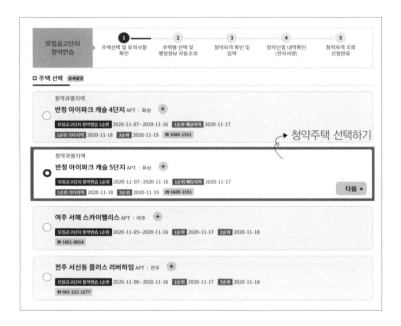

아파트 청약 신청하기 4단계

주택형 선택 단계다. 본인이 가입한 청약통장 가입정보를 확인하고 청약하고자 하는 주택형을 선택한다.

아파트 청약 신청하기 5단계

청약홈에서는 보다 빠르고 정확한 청약신청을 위해 행정정보 자동조회 기능이 도입되었다. 행정정보 자동조회 신청에 필요한 정보를 입력 후 다음으로 넘어간다. 기존처럼 조회 없이도 청약신청을 할 수도 있다.

아파트 청약 신청하기 6단계

청약자격 확인 및 입력단계다. 행정정보 조회결과도 함께 볼 수
있다.

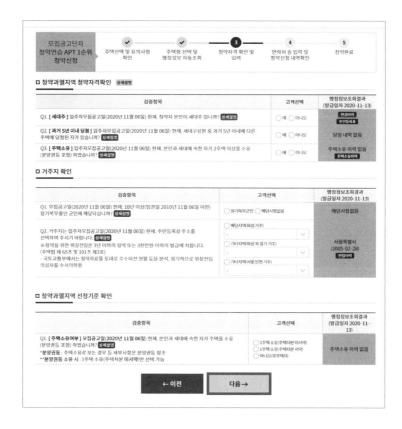

아파트 청약 신청하기 7단계

청약가점점수도 확인할 수 있다. 참고로 무주택기간은 최고 32점, 부양가족은 최고 35점, 청약통장 가입기간은 최고 17점을 받을 수 있다. 청약가점 점수는 100점이 아닌 84점이 만점임을 유의하자.

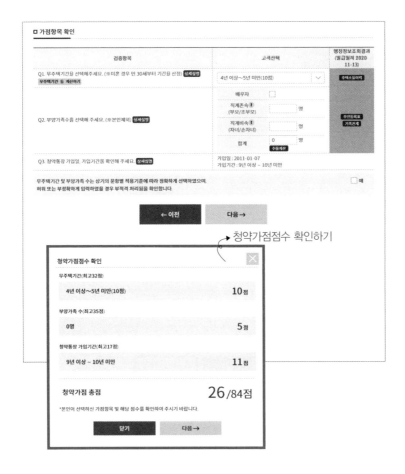

아파트 청약 신청하기 8단계

청약신청에 필요한 정보 행정정보 자동조회 결과 등을 참고해 확인하고, 청약신청정보를 입력한다. 최종적으로 청약신청 정보를 확인 후 이상이 없으면, '다음' 버튼을 클릭한다. 주택청약신청이 완료되었다. '신청내역 조회하기'를 통해 신청정보를 다시 한번 확인할 수 있다.

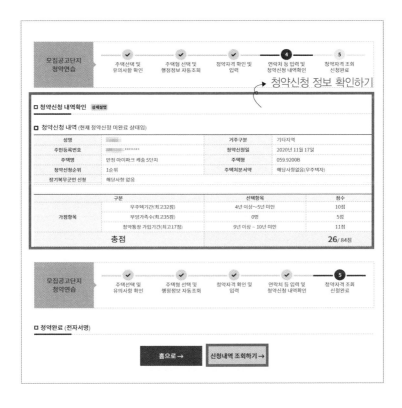

아파트 청약 신청 시 주의사항

청약 신청 시 틀리기 쉬운 사항을 알아보자. 만약 실제와 다르게 입력된 항목이 있다면 청약취소 후 다시 청약해야 한다.

주의사항

입력 내용	확인사항
부양가족 수	- 부양가족 수는 본인을 제외한 인원을 입력해야 한다. - 부양가족은 동일 주민등록표등본(배우자 분리세대 포함)에 등재된 배우자, 직계비속(미혼인 자녀), 직계존속(배우자의 직계존속 포함) 중에서만 될 수 있다. - 직계존속(부모 등)의 경우 청약신청자가 세대주이며 동일 주민등록 등본에 3년 이상 등재된 경우 해당된다. - 만 30세 이상의 자녀는 동일 주민등록등본에 1년 이상 등재된 경우 해당된다. (자세한 사항은 '청약제도–청약가점 계산하기' 참조)
투기과열지구 또는 청약과열지역 (1순위 제한)	다음 중 하나에 해당되면 1순위로 청약할 수 없다(2순위로 청약). - 세대주가 아닌 자 - 과거 5년 이내에 다른 주택에 당첨된 자의 세대에 속한 자 - 2주택(분양권을 포함하며, 토지임대주택을 공급하는 경우에는 1주택) 이상을 소유한 세대에 속한 자
투기과열지구 또는 청약과열지역 (재당첨 제한)	- 민영주택(분양가 상한제 미적용 주택 포함)에 청약 시에도 재당첨 제한을 적용받는다. * 청약자의 세대에 속한 자의 재당첨 제한 여부는 해당 세대에 속한 자의 명의 각각의 공인인증서로 로그인해 '청약자격확인–청약제한사항 확인' 메뉴에서 확인할 수 있다.

자료: 청약Home

아파트 특별공급자격 조건

대부분의 사람들은 청약통장을 통해 1순위를 받아서 청약에 당첨되려고 한다. 하지만 1순위의 요건을 만들기가 쉽지 않을뿐더러, 1순위가 되었다 하더라도 더 높은 점수의 사람들이 많기 때문에 청약에서 떨어질 수도 있다. 그래서 많은 사람들이 특별공급에 관심을 가진다.

아파트 특별공급은 신혼부부, 국가유공자, 장애인, 다자녀가구 등 정책적·사회적 배려가 필요한 계층 중 무주택자의 주택 마련을 지원하기 위해 만들어진 제도다. 일반공급과는 다른 방식으로 분양을 받을 수 있다. 주택공급량의 일정 비율을 특별공급대상자에게 공급하는데, 일반분양에 비해서 상대적으로 경쟁이 낮다. 조건에 부합하다면 특별공급을 노려보는 것도 내 집 마련을 위한 좋은 방법이다.

특별공급은 생애 단 한 번, 1세대 1주택에 한해 가능하다. 분양가격이 9억 원을 초과하는 분양주택은 특별공급대상에서 제외된다. 또 특별공급은 일반공급과 마찬가지로 해당지역 거주자에게 우선 적용된다(투기과열지구 및 조정대상지역은 모집공고일까지 해당지역에 거주한 자).

최근 8·4 공급대책 및 3기 신도시 사전청약이 시행되면서 생애최초 특별공급이나 신혼부부 특별공급에 대해 조건이 완화되었다. 그중 눈에 띄는 것은 기존 공공주택을 20%에서 25%로의 변경이다. 민영주택 중 공공택지는 분양물량의 15% 민간택지는 7%를 신설했다. 신혼부부 특별공급 소득기준도 기존 120%에서 130%로 변경했다. 생애최초 주택구입은 소득기준이 130%에서 140%로 확대되어 2021년 1월 이후 시행된다. 만일 내년 1월 이후 분양물량이라면 외벌이 787만 원, 맞벌이 900만 원까지 가능하다.

대표적인 특별공급 지원 항목에는 생애최초, 신혼부부, 다자녀, 노부모 부양, 기관추천 등이 있다. 지금부터 하나씩 살펴보자.

1 생애최초 주택구입 특별공급

난생처음 주택을 분양받는 사람들에 한해 특별공급을 지원하는 항목으로, 청약 대상은 살면서 한 번도 자기 명의로 된 주택을 소유하지 못했던 사람들을 위한 것이다. 청약 대상은 공공분양 하는 국민주택뿐만 아니라 민영주택도 포함된다. 생애최초 주택구입 특별공급은 100% 추첨제로 당첨자를 선정하는데, 특별공급을 신청하기 위해서는 모집공고일 기준으로 다음의 기준을 충족해야 한다.

- 공공분양 일반공급에 있어서 1순위에 해당하는 무주택세대구성원 으로서 저축액이 선납금을 포함해 600만 원 이상인 사람

- 입주자 모집공고일 현재 혼인 중이거나 자녀가 있는 사람
- 입주자 모집공고일 현재 근로자 또는 자영업자(과거 1년 내에 소득세를 납부한 사람 포함)로서 5년 이상 소득세를 납부한 사람
- 해당 세대의 월평균소득이 전년도 도시근로자 가구당 월평균소득의 100% 이하인 사람

② 신혼부부 특별공급

분양주택의 신혼부부 특별공급은 입주자 모집공고일까지 혼인기간이 7년 이내면 가능하다. 대상 주택은 85㎡ 이하(주택 공급물량 중 10% 범위 내)이며, 투기과열지구 내 분양가 9억 원을 초과하는 주택은 제외된다. 신혼부부가 다음의 요건을 모두 갖추면 특별공급을 받을 수 있다.

- 입주자 모집공고일 현재 혼인(혼인관계증명서의 신고일 기준)기간이 7년 이내인 신혼부부
- 혼인신고일부터 입주자 모집공고일까지 계속해 무주택자인 신혼부부
- 해당 세대의 월평균소득이 전년도 도시근로자 가구당 월평균소득(4명 이상인 세대는 가구원 수별 가구당 월평균소득 기준)의 130%(배우자가 소득이 있는 경우에는 140%) 이하인 신혼부부

국민주택은 배점표로 점수를 산정해서 높은 점수 순서로 신혼부부 특별분양 당첨자를 선정한다. 동점일 경우에는 추첨한다. 민영주택일 경우에는 해당 주택 지역의 거주자이거나 자녀 수가 많은 세대 순서로 당첨자로 선정하며, 자녀의 수가 같다면 추첨으로 당첨자를 선정한다.

🟦 다자녀 특별공급

다자녀 특별공급은 만 19세 미만 자녀가 3명 이상일 경우에만 신청할 수 있다. 자녀 수에는 태아, 입양자녀, 전혼자녀까지 포함된다. 청약자격은 입주자 모집공고일을 기준으로 ① 조정대상지역과 투기과열지구, 즉 서울의 경우 2년 이상 거주자 ② 비투기과열지구와 비조정지역에 해당되는 수도권은 1년 이상 거주자에게 1순위 청약자격이 주어진다. 무주택세대주뿐만 아니라, 세대구성원도 청약할 수 있다.

다자녀 특별공급을 신청하기 위해서는 청약통장 가입기간이 6개월 이상이어야 하고 배점표 기준 높은 점수 순서로 당첨자를 선정한다. 동점일 경우 자녀 수, 신청자 연령에 따라 당첨자를 선정한다.

다자녀가구 특별공급은 해당지역 50%, 인근지역 50%로 당첨자 선정비율이 정해져 있다.

4 노부모 부양 특별공급

노부모 부양 특별공급은 일반공급 1순위에 해당하는 자로서 배우자의 직계존속을 포함해 만 65세 이상의 직계존속을 3년 이상 부양하고 있다면 신청할 수 있다. 단, 신청자와 노부모 역시 무주택자여야 한다.

노부모 부양 특별공급은 다른 특별공급에 비해서 상대적으로 경쟁률이 적어 당첨 확률이 높다. 1순위 경쟁에서는 납입횟수와 납입금액으로 선정하고, 민영주택은 가점제로 높은 순으로 당첨자를 선정한다.

5 기관추천 특별공급

기관추천 특별공급은 추천기관의 장에게서 추천을 받으면 신청할 수 있는 제도다. 기관추천 특별공급의 자격요건을 갖추었다면 기관에 신청할 수 있다. 그 후 기관에서 대상자를 선정한다. 대상 주택은 전용면적 85m² 이하의 분양주택으로, 특별공급 물량은 국민주택 10%, 민영주택 10%다. 기관추천 특별공급 대상자는 국가유공자, 보훈대상자, 5·18유공자, 특수임무유공자, 참전유공자, 장기복무 군인, 북한이탈주민, 납북피해자, 일본군위안부, 장애인, 영구 귀국 과학자, 올림픽 등 입상자, 중소기업 근무자, 공공사업 등 철거주택 소유자 또는 거주자, 의사상자 등이다. 추천기관에서 별도규정을 통해 자체적으로 뽑는다.

반드시 알아야 하는
세법의 기본 상식

부동산을 사고팔 때 반드시 신경 써야 할 부분은 바로 '세금'이다. 부동산 매매과정에서 발생하는 세금을 미리 공부한다면 거래에서 경제적 이득을 볼 수 있다. 주택과 관련된 세금의 종류는 취득 단계에서 부담하는 '취득세', 부동산을 보유했다면 내는 '재산세'와 '종합부동산세', 주택을 양도할 때 차익에 관해 발생하는 세금인 '양도소득세' 등이 있다. 이번에는 세법의 기본 상식을 알아보기로 한다.

반드시 알아두어야 할 부동산 세금

주택 취득 시 취득세

취득세란 토지 및 건축물의 취득에 대해 해당 부동산 소재지의 특별시·광역시·도에서 그 취득자에게 부과하는 지방세다. 주택 매매에 대한 취득세율은 개인이 1주택을 소유하게 될 경우 주택 가액이 6억 원 이하라면 1%, 6억 원 초과 9억 원 이하의 주택은 2%, 9억 원 초과 주택은 3%다. 주택을 상속받았을 경우 취득세율은 2.8%, 증여받았다면 3.5%다. 여기에 농어촌특별세와 지방교육세 등이 포함된 세율이 합계세율이다.

2020년부터는 6억 원 초과 9억 원 이하 주택에 대해서 취득세에 비례세를 적용한다. 6억 원 초과 9억 원 이하 구간의 단일 취득세율은 과세표준액이 100만 원 오를 때마다 0.0066%씩 같이 오르는 방식으로 바뀌었다. 예를 들어 7억 원짜리 주택의 현행 세율 2%로 계산하면 1,400만 원이지만 개정된 세율인 1.67%를 적용받으면 1,169만 원으로 감소한다. 하지만 8억 원짜리 주택이라면 현행 세율 2%가 아니라 개정 세율 2.33%를 적용받아 264만 원이 증가한다. 또 1세대가 4주택 이상의 주택을 취득하는 경우에는 1~3%의 주택 유상거래 특례세율 적용에서 배제되어 4%의 일반 취득세율을 적용한다.

주택 보유 시 재산세와 종합부동산세

주택이나 토지, 상가 등 건물을 보유하고 있다면 재산세와 종합
부동산세가 과세된다. 재산세는 지방세로서 과세대상 물건의 소
재지를 관할하는 지방자치단체에서 부과한다. 종합부동산세는
일정 규모 이상의 주택과 토지에 대해 부과하는 국세로서 매년
6월 1일을 기준으로 납세지 관할 세무서장이 부과·징수한다. 납
세자가 직접 신고하는 것도 가능하다.

주택 양도 시 양도소득세

양도소득세는 토지나 건물 등을 팔았을 때 판 금액에서 살 때의
금액을 뺀 양도차익에 대해 부과하는 세금이다. 양도소득세는 과
세대상 부동산 등의 취득일에서 양도일까지 총 보유기간 동안 발
생된 이익(소득)에 대해 양도시점에 일시에 과세하며, 부동산 양
도로 인해 소득이 발생하지 않았거나 오히려 손해를 본 경우에는
양도소득세가 과세되지 않는다.

양도소득세율을 알아보자. 1년 이상 보유 시에는 일반세율
(6~42%)이 적용된다. 기본세율은 1,200만 원 이하 6%, 4,600만
원 이하 15%(누진공제 108만 원), 8,800만 원 이하 24%(누진공제
522만 원), 1억 5천만 원 이하 35%(누진공제 1,490만 원), 3억 원 이
하 38%(누진공제 1,940만 원), 5억 원 이하 40%(누진공제 2,540만
원), 5억 원 초과 42%(누진공제 3,540만 원)다.

174

양도소득세 기본세율

과세표준	기본세율		
	현행	개정 (2021년 1월 1일 이후)	누진공제
1,200만 원 이하	6%	6%	–
1,200만 원 초과~4,600만 원 이하	15%	15%	108만 원
4,600만 원 초과~8,800만 원 이하	24%	24%	522만 원
8,800만 원 초과~1억 5천만 원 이하	35%	35%	1,490만 원
1억 5천만 원 초과~3억 원 이하	38%	38%	1,940만 원
3억 원 초과~5억 원 이하	40%	40%	2,540만 원
5억 원 초과~10억 원 이하	42%	42%	3,540만 원
10억 원 초과		45%	
조정지역 내 다주택자 중과			
현재	2주택자 10% 중과, 3주택자 20% 중과		
개정안(2021년 6월 1일부터 적용)	2주택자 20% 중과, 3주택자 30% 중과		

　　다만 7·10 부동산대책으로 먼저 2년 미만 단기 보유 주택에 대한 양도소득세율이 대폭 인상되었다. 보유기간 1년 미만 주택·입주권에는 양도소득세율 70%가 부과되며 2년 미만 주택·입주권에는 60%가 적용된다. 분양권도 마찬가지다. 보유기간 1년 미만의 분양권에도 양도소득세율이 70%가 부과되며 1년 이상

분양권에는 60%의 양도소득세가 부과된다. 2년 이상 보유 시에는 일반세율을 적용한다.

그러나 조정대상지역 내 다주택자라면 가산세율이 붙는다. 1세대 2주택자라면 일반누진세율에 10%를 가산한 세율이 적용되고, 3주택자라면 20%를 가산한 세율이 적용된다. 분양권도 보유기간에 관계없이 단기보유세율 50%가 적용된다. 2021년 6월 1일 이후 조정지역 내 다주택자는 양도소득세율이 최대 75%까지 부과될 수 있다.

알아두면 좋은 세법 상식

❶ 일시적 1세대 2주택의 양도소득세 면제

현 정부 들어 주택난이 심각해지고 다주택자에 대한 규제가 강화됨에 따라 부득이하게 2주택이 된 사람들도 난감한 상황에 부닥치게 되었다. 다음과 같은 경우에는 2주택자라도 일정한 기간 내에 양도하는 주택에 대해서는 양도소득세를 비과세하니 이를 잘 활용하면 세금을 절약 할 수 있다.

① 일시적으로 2채의 주택을 갖게 된 경우다. 1채의 주택(종전주택)을 가지고 있던 1세대가 그 집을 구입한 날부터 1년 이상이 지난 후 새로운 주택 1채를 추가 구입해 일시적으로 2주택이 된

경우, 새로운 주택을 구입한 날로부터 3년 내 2년 이상 보유한 종전주택을 양도하면 비과세 된다.

단, 종전주택이 조정대상지역에 있고, 조정대상지역에 있는 신규주택을 취득하면 2년 이내에 양도해야 비과세된다. 2019년 12월 17일 이후 조정대상지역 내 종전주택이 있는 상태에서 조정대상지역 내 주택을 취득하는 경우에는 신규주택 취득 후 1년 이내 전입요건과 1년 이내 종전주택 양도요건을 충족해야 비과세된다(신규주택에 기존임차인이 있는 경우 2년을 한도로 임대차계약 종료 시까지 기한 연장).

수도권 소재 기업(공공기관)의 지방 이전에 따라 종사자가 이전(연접)지역으로 이사하는 경우에는 2년 이상 보유한 종전주택(수도권에 1주택을 소유한 경우에 한정함)을 5년 내 팔면 양도소득세가 과세되지 않는다.

② 결혼으로 2채의 집을 갖게 된 경우다. 각각 1주택을 소유한 남녀가 결혼하여 1세대 2주택이 된 경우 또는 1주택을 소유한 직계존속(60세 이상)을 동거 봉양하는 무주택자가 1주택을 보유한 자와 결혼해 1세대 2주택이 된 경우 혼인한 날로부터 5년 이내에 먼저 양도하는 주택(비과세 요건을 갖춘 경우에 한함)은 양도소득세가 과세되지 않는다.

③ 상속을 받아 2채의 주택을 갖게 될 경우다. 1주택을 보유한 세대가 별도 세대원으로부터 1주택을 상속받아 1세대 2주택이

된 경우, 일반주택(상속개시 당시 상속인 세대가 소유한 1주택)을 팔게 되면 비과세된다. 그러나 상속받은 주택을 먼저 팔 때는 양도소득세가 과세되니 주의해야 한다.

④ 직계존속을 모시기 위해 세대를 합쳐 2채의 집을 갖게 된 경우다. 1주택을 소유하고 있는 1세대가 1주택을 소유하고 있는 60세 이상의 직계존속(배우자의 직계존속 포함)을 모시기 위해 세대를 합친 경우 합친 날로부터 10년 이내에 먼저 양도하는 주택(비과세 요건을 갖춘 경우에 한함)은 양도소득세가 과세되지 않는다

⑤ 농어촌주택을 포함해 2채의 집을 갖게 된 경우다. 농어촌주택과 일반주택을 각각 1채씩 소유한 1세대가 비과세 요건을 갖춘 일반주택을 팔면(귀농주택의 경우 그 취득일부터 5년 안에 일반주택을 팔아야 함) 양도소득세가 과세되지 않는다.

⑥ 취학 등 사유로 수도권 밖에 소재하는 주택을 취득해 2채를 소유한 경우다. 1주택(일반주택)을 소유한 1세대가 취학(초등학교 및 중학교 제외), 직장의 변경이나 전근 등 근무상의 형편, 1년 이상 질병의 치료나 요양의 사유로 수도권 밖에 소재하는 1주택을 취득하여 1세대 2주택이 된 경우 부득이한 사유가 해소된 날부터 3년 이내에 일반주택(비과세 요건을 갖춘 경우에 한함)을 팔면 양도소득세가 과세되지 않는다.

❷ 2년 이상 보유하지 않아도 1세대 1주택 비과세 규정을 적용받는 부득이한 경우

1세대 1주택 비과세 적용을 받기 위해서는 양도일 현재 1세대가 국내에 1채의 주택을 보유하고 있으면서 해당 주택의 보유기간이 2년 이상 되어야 한다. 취득 당시 조정대상지역에 있는 주택의 경우 보유기간 중 2년 이상 거주해야 한다. 아래와 같은 사유가 있어 보유기간 및 거주기간을 채우지 못했는데도 공부상의 보유기간 및 거주기간만을 보고 양도소득세를 고지한 경우에는 그 사유를 입증해 비과세 혜택을 받을 수 있다.

- 취학, 1년 이상 질병의 치료·요양, 근무상 형편, 학교 폭력 피해로 전학해 1년 이상 살던 주택을 팔고 세대원 모두가 다른 시·군지역으로 이사를 할 경우
- 「해외이주법」에 따른 해외이주로 세대 전원이 출국하는 경우(다만 출국일 현재 1주택을 보유하고 있어야 하고, 출국 후 2년 이내에 양도해야 함)
- 1년 이상 계속해 국외거주를 필요로 하는 취학 또는 근무상의 형편으로 세대 전원이 출국하는 경우(다만 출국일 현재 1주택을 보유하고 있어야 하고, 출국 후 2년 이내에 양도해야 함)
- 재개발·재건축사업에 참여한 조합원이 사업의 시행기간 동안 거주하기 위해 취득한 대체주택을 재개발·재건축사업으로 취득하는 주택이 완성되기 전 또는 완성된 후 2년 이내에 양도하는 경우(다만 대

양도소득세가 과세되지 않는 1세대 1주택

- 1세대가 양도일 현재 2년 이상 보유하고 거주요건을 충족한 국내의 1주택을 양도할 때에는 비과세된다(실거래가액이 9억 원을 초과하는 부분은 제외).
- 주택에 딸린 부수토지가 도시지역 안에 있으면 주택정착 면적의 5배까지, 도시지역 밖에 있으면 10배까지는 양도소득세가 과세되지 않는 1세대 1주택의 범위에 포함된다.

거주기간 요건

취득 당시 조정대상지역에 있는 주택의 경우 보유기간 중 2년 이상 거주해야 한다. 다만 다음의 주택을 양도하는 경우에는 적용되지 않는다.

- 조정대상지역 지정일(2017년 8월 2일) 이전 취득한 주택
- 조정대상지역 지정일(2017년 8월 2일) 이전 매매계약을 체결 및 계약금을 지급한 경우 (단, 계약금 지급일 현재 무주택자에 한함)
- 2019년 12월 16일 이전에 등록(세무서 및 시·군·구)한 임대주택으로 임대의무기간 충족한 주택(2019년 12월 17일 이후 임대주택으로 등록한 경우에는 거주요건 적용)

보유기간

보유기간은 주택을 취득한 날부터 양도한 날까지의 기간이다. 2021년 1월 1일 이후부터는 1세대가 1주택 이상을 보유한 경우 다른 주택을 모두 양도하고 최종적으로 1주택을 보유하게 된 날부터 계산한다.

체주택에 1년 이상 거주한 후 완공된 주택으로 세대 전원이 이사해 1년 이상 계

속 거주해야 함)

- 「민간임대주택에 관한 특별법」에 따른 건설임대주택을 분양받아

매도하는 경우로서 당해주택의 임차일로부터 양도일까지 세대 전

원의 거주기간(취학 등 부득이한 사유로 세대원 중 일부가 거주하지 못하는

경우 포함)이 5년 이상인 경우

❸ 매도 시점을 분산하자

이해관계가 없는 제3자 간 거래가 아닌 특수관계자 간의 거래라
면 굳이 양도 가격을 높게 매길 필요는 없다. 그렇다고 시장 가격
보다 너무 낮게 양도하면 부당행위로 세무당국에서 불이익을 받
을 수 있다. 일반적으로 시가의 5% 또는 3억 원 중 적은 금액 이
상으로 차이가 나면 '고의 저가 양도'로 본다. 특수관계자 간 거래
일 경우 부동산 시장의 흐름을 보고 양도 시기를 정한 다음 최대
한 낮은 가격에 양도한다면 양도소득세를 조금이나마 절세할 수
있다.

매도 시기를 분산하는 방법도 있다. 양도소득세는 누진세율을
적용한다. 1년에 여러 개의 부동산을 양도하면 모든 차액을 합산
한 다음 누진세율을 적용해서 양도차익의 세율을 결정한다. 따라
서 같은 기간 내 부동산을 여러 번 파는 것은 양도소득세 부담으
로 이어진다. 양도소득세 과세표준 구간을 한 단계만 올라가도

소득세율 차이가 크기 때문이다. 여기에 양도소득세가 중과되는 지역의 고가 매물을 양도한다면 세금으로 양도차익의 대부분을 납부해야 할 수도 있다. 따라서 양도 시기를 분산하기만 해도 세금을 크게 절약할 수 있다.

❹ 각종 공제를 활용하자

양도소득세는 조건에 따라 세율이 많이 달라지고 공제 항목도 많아 잘 알아두면 절세 효과를 높일 수 있다. 우선 장기보유 특별공제에 대해 알아보자.

3년 이상은 보유해야 장기보유 특별공제가 생기는데, 3년 이상 보유하면 1년에 2%씩, 15년을 가지고 있다면 최대 30%까지 공제 혜택을 누릴 수 있다. 다만 미등기 양도 자산이나 조정대상지역에 있는 2주택 이상 보유자의 양도 주택(입주권 포함), 국외에 있는 자산 등은 장기보유 특별공제를 받을 수 없다. 또 보유기간은 계약일이 아닌 잔금을 치른 날짜나 등기접수일을 기준으로 한다는 점도 확인해두자.

이런 장기보유 특별공제 외에도 기본공제, 필요경비, 수리비 등도 공제대상이니 각 항목에 대해서 알아둔다면 양도차익을 줄일 수 있다. 기본공제는 누구나 1년에 250만 원씩 기본적으로 공제받는다. 필요경비는 중개수수료를 포함해 부동산 양도과정에서 발생하는 경비를 말하는데, 이 또한 양도차익에서 공제받을 수 있다.

발코니 확장공사나 창호 교체와 같이 부동산 자산 가치를 높일 수 있는 수리비용도 공제로 인정한다. 누락된 공제 항목이 없도록 각종 증빙 자료를 잘 확보해야 한다. 특히 인테리어 공사와 같은 지출을 입증하기 위해서는 반드시 그 업체에 지출 관련한 영수증이나 세금계산서를 받아두어야 한다(단, 벽지·장판·싱크대·문·조명·하수도관 교체비·외벽 도색비·보일러 수리비·옥상 방수 공사비·타일 및 변기 공사비 제외).

5 부부 공동명의를 활용하라

부부 공동명의로 부동산을 소유하면 양도소득세를 효과적으로 절세할 수 있다. 보유세 과세표준이 명의자 수만큼 줄어 누진율을 낮출 수 있기 때문이다. 부부가 공동명의로 주택을 취득한 후 양도할 경우 취득가액은 지분율에 따라 나뉘고, 기본공제를 각각 받을 수 있기에 세금 부과의 기준이 되는 과세표준 또한 낮아져 양도소득세를 절세할 수 있다.

처음에 단독명의로 주택을 구매했다가 중간에 공동명의로 바꾸게 되면 공동명의 전환시점에 다시 취득세를 내야 한다. 따라서 소유하고 있는 중간에 공동명의로 바꾼다면, 취득 비용을 고려해 절세가 얼마나 될지 잘 따져봐야 한다.

실제로 최근 매매 거래에서 공동명의의 비중이 점점 높아지는 추세다. 2019년에는 매매 거래 시 공동명의 비중이 20% 중후반대에 머물렀지만, 2020년 들어선 줄곧 30%를 넘기고 있다. 종합부동산세 등 늘어나는 보유세 부담 때문에 매수자들이 공동명의를 선택한다는 반증이다.

⑥ 부부간 증여를 활용하라

부부간 증여에서 비과세 대상금액은 6억 원으로 10년간 6억 원을 증여해도 비과세된다. 단, 매도는 5년 후에 해야 한다. 만약 매도 시 세금이 많이 나오는 건물이나 토지를 부부간 증여하고 감정평가를 받아 세무서에 신고하면, 추후 양도할 때도 이 가격으로 산정해 과세하므로 세금을 크게 절약할 수 있다. 취득가액이 낮은 부동산이라면 배우자에게 증여했다가 5년 뒤 매각했을 때 증여가액은 취득가액이 되어 양도차액을 줄일 수 있다. 실제 차액 6억 원을 기준으로 40%만 적용해도 부부간 증여 시 약 2억 4천만 원의 세금이 절약된다.

등기 시에는 기준시가로 산정해 등기하므로 등록세와 취득세가 줄어들고, 매도 시에는 신고된 양도금액을 기준으로 해서 세금이 산정되므로 많은 혜택을 얻을 수 있다. 단, 이 경우 아파트는 실거래가를 근거로 신고할 수 있지만, 주택은 감정평가를 받아서 증빙서류를 제출해야 한다. 참고로 증여세는 증여 후 3개월 이내에 신고해야 한다.

가능하면 재산을 부부공동 명의로 하는 것이 종합소득세, 양도소득세 등에서 절세가 된다. 특히 양도소득세는 사람 기준으로 부과되니 양도할 때 유리하다는 것을 잊지 말자.

❼ 농지를 팔 때는 8년 자경요건을 활용하라

재촌(농지 소재지 또는 연접한 시·군·구에 거주) 자경(소유자가 자기 소유 농지에서 직접 농사)으로 인정 시 8년 자경요건을 갖췄다면 1년에 양도소득세 1억 원, 대토 양도소득세 1억 원이 감면된다. 단, 근로소득이 연 3,700만 원을 넘는 경우는 세금감면대상에서 제외된다. 또 재촌 조건(농지로부터 직선 거리 30km 이내 거주)을 만족하지 못하면 세금감면대상에서 제외된다.

농지원부

행정관서에서 농지의 소유 및 이용실태를 파악해 이를 효율적으로 이용, 관리하기 위해 작성하는 자료다. 농업인, 농업법인, 준농업법인별로 작성한다. 농업인의 주소지를 관할하는 시·구·읍·면에서 작성할 수 있고 인터넷인 정부24(민원24)에서도 작성할 수 있다. 농지원부가 농업인 증명서가 되기 때문에 농지세 경감, 8년 자경 양도소득세 면제, 3년 자경 대토 시 양도소득세 감면 혜택, 면세유, 전기세, 보험료 감면 등 많은 혜택을 받을 수 있다.

농지를 취득할 때는 농가주택을 활용하면 도움이 된다. 1천 m²(약 300평) 이상 농지소유자는 농지 취득 후 농지원부를 받을 수 있다. 이 경우 농지취득자격증명 소유자는 자경요건 8년이 되면 1억 원까지 양도소득세가 비과세된다. 그리고 200평 이내의 농지전용도 가능하다. 만일 취득한 농지가 농업진흥지역(절대농지)이라면 농가주택, 농업용 창고 등을 건축할 때 재테크에도 크게 도움이 된다. 단, 3년 이상 비거주 시 세금 혜택이 취소된다.

알면 도움되는 투자 꿀팁

❶ 부동산 거래는 6월 1일이 중요하다

부동산을 매매하기 전 6월 1일을 꼭 확인하자. 보유세에 해당하는 재산세는 1년에 2번 내는데 주택분은 7월, 토지분은 9월에 부과된다. 재산세 부과 기준일은 6월 1일이기에, 잔금을 치를 예정이라면 재산세 부과 기준일인 6월 1일을 염두에 두고 자신에게 유리한 쪽으로 잔금일을 정하는 게 좋다.

6월 1일에 부동산을 매매한 경우 등기부등본상의 집주인인 매수자가 재산세를 납부하게 된다. 이때 부동산 취득날짜는 잔금 지급일과 등기일 중 빠른 날이 적용되는데, 6월 1일에 등기를 등록하지 않았어도 잔금을 치렀다면 매수자가 재산세를 부담해야 한다는 의미다. 이 때문에 매도자와 매수자 간 의견 조율이 중요하다.

2 다주택자 주택 처분 시 순서

다주택자가 주택을 처분할 때는 양도차익이 가장 적은 것부터 처분해 먼저 주택 수를 줄이고, 양도차익이 가장 큰 주택을 마지막에 처분함으로써 1세대 1주택 비과세 혜택을 받을수 있다. 2주택 이상의 부동산을 같이 팔 경우 양도차익을 합산해 양도소득세를 과세한다. 따라서 양도차익이 발생한 주택과 손해가 난 주택을 함께 처분해 양도차익과 양도차손이 서로 상쇄되도록 하는 것이 유리하다. 하지만 되도록 한 해에 모두 처분하지 않는 것이 좋다. 앞서 다뤘듯 양도소득세는 양도한 모든 부동산의 차액을 합산해 결정되기 때문이다.

3 상속세를 고려하라

직계존속 또는 배우자가 사망했을 시 사망사실을 안 날에서 1개월 이내에 시·구·읍·면의 사무소에 사망신고를 하고 금융감독원이나 행정안전부 안심상속 원스톱서비스를 이용해 금융재산을 확인한다. 만일 상속재산보다 부채가 많다면 3개월 이내 상속포기나 한정승인을 하는 게 유리하다. 만약 재산을 상속하려면 6개월 이내에 상속세 신고 및 납부를 해야 한다. 이때 사망자의 배우자 및 직계비속의 1순위 상속자이며, 배우자는 1.5, 자식들은 1의 비율로 상속이 이루어진다.

사망자의 금융재산을 정확히 모른다면 금융감독원 소비자센터에 금융거래서비스를 요청하면 된다. 이때 호적등본, 사망증명서를 지참해 상속자 전원 동의로 조회할 수 있다. 상속재산은 퇴직금, 보험료 등과 사망 전 6개월 내 처분 또는 증여한 것도 포함된다.

상속세 줄이는 방법도 여러 가지다. 상속 시에는 건물보다 토지가 유리하다. 건물은 60% 이상 과세표준이 형성되지만 토지는 대부분 30% 미만으로 토지 지가가 형성되기에, 토지로 상속하면 양도소득세가 절세된다. 상속세 계산 시 재산내역을 잘 모른다면 일괄공제로 5억 원을 받는 것이 유리하다. 단, 공동상속인 없이 단독상속으로 배우자만 상속받는 경우 일괄공제가 불가능하다. 대신 배우자 명의를 활용하면 추가로 5억 원이 공제된다. 영주권자가 영주권 신분 유지 시 해외재산은 상속세에 포함이 안된다.

증여재산 한도 내에서 배우자나 자녀에게 미리 증여를 해두자.

❹ 이혼 시 위자료로 부동산을 양도할 때

이혼 시 위자료를 줄 때 유의사항이 있다. 부동산으로 주게 되면 부동산을 준 당사자에게 양도소득세가 나온다. 그렇기 때문에 가

능한 현금으로 주고, 마땅치 않으면 비과세되는 것으로 위자료를
줘야 한다.

소유권이전등기 원인이 '이혼위자료 지급'인 경우 당사자 일방
이 소유하고 있던 부동산의 소유권을 이전해 그 자산을 양도한
것으로 본다(단, 1세대 1주택으로 비과세요건을 갖추면 양도소득세 비과
세). 그러나 소유권이전등기 원인이 '재산분할청구에 의한 소유권
이전'인 경우 부부 공동의 노력으로 이룩한 공동재산을 이혼으로
인해 자기지분인 재산을 환원받는 것으로 보기 때문에 양도 및
증여로 보지 않는다.

5 2년 이상 보유규정을 정확히 알자

일반적으로 보유기간의 원칙은 취득일에서 양도일까지다. 단, 가
등기기간은 보유기간으로 인정되지 않는다. 주택을 배우자에게
증여한 경우는 증여자와 수증자의 보유기간을 합산한다. 주택을
상속받은 경우는 피상속인의 사망일부터 계산한다.

멸실된 주택이나 재건축의 경우 재건축주택의 보유기간을 통
산한다(단, 20세대 미만은 미포함). 동일 세대원이 세대 전체를 기준
으로 2년 이상 보유 여부를 판정한다. 「도시 및 주거환경정비법」
으로 재개발·재건축사업이 진행된 경우 보유기간, 공사기간, 재
개발·재건축 후 보유기간을 통산한다.

🜂 주택이나 토지 매매에 세금이 문제가 된다면 버텨라

세법은 항상 변한다. 기다리면 다시 좋은 환경의 세법으로 바뀔 수 있다. 세금으로 고민된다면 일단 매도하지 말고 임대를 주고 버텨라. 버티다 보면 언젠가는 세법이 바뀌어 해결된다.

투자자가 궁금해하는
부동산법인의 모든 것

부동산법인이란 자본을 부동산에 투자해 수익을 내는 것을 주된 목적으로 설립된 법인이다. 최근 부동산 구입 시 대출규제에 걸리거나 대출이 어려운 경우가 있어서 매매사업자나 법인을 만든 사람들이 많다. 2017년 세법개정 이전에는 주로 매매사업자로 등록하는 편이었으나, 최근 세법개정으로 매매사업자에 대한 비과세가 폐지되고 조정지역 투자 시 혜택이 제한적이라 요즘은 주로 법인을 설립한다. 법인사업자가 세제 면에서 유리하고 대출규제에서도 자유롭기 때문이다. 법인의 장점과 단점을 정리해보자.

한눈에 정리하는 법인의 장점과 단점

법인의 장점

- 세율이 저렴하다.

- 절세 전략에 유리하다.

- 필요경비 공제범위가 높다.

- 단기매매가 가능하다.

- 대출 규제에서 자유롭다.

- 세금 납부시기가 늦다.

우선 법인세율을 살펴보자. 개인 단기매매는 세율이 40%다. 그러나 매매사업자는 세율이 6~42%이고 법인사업자는 10%다. 그래서 1세대 1주택이나 무주택자는 임대사업자나 법인으로 등록할 필요가 없다. 매매규모가 작으면 매매사업자로, 크면 법인사업자로 등록하는 것을 추천한다.

또 과세표준이 4,600만 원을 초과한다면 절세효과 면에서 유리하다. 과세표준 2억 원 이하는 세율이 10%이고 누진공제는 없다. 2억 원 초과 200억 원 이하는 세율이 20%이고 누진공제는 2천만 원이다. 20억 원 초과 시 세율이 22%이고 누진공제는 4억 2천만 원이다. 단, 주택과 비사업용 토지는 10% 추가과세가 이루어진다.

필요경비 공제범위는 개인 매매사업자보다 법인이 높다. 사업자등록이나 법인설립 전 필요경비 공제범위나 매매사업자의 장단점을 알고 자기에 맞는지 확인해야 한다. 법인일 경우 수리비, 사무실 임대료, 인건비, 교통비, 기타 법인카드 지출비용까지 비용으로 인정된다. 또 4대보험료도 직장인 수준으로 납부할 수 있다.

마지막으로 주주가 많을수록 유리하다. 주주당 납입금 한도로 유한책임을 지기 때문이다. 자본금에는 제한이 없으나 1인법인의 평균 자본금은 100만~150만 원 수준이다. 자본금 1원으로도 할 수 있으나 통상 1천만 원 정도를 많이 추천한다. 법인세는 1년 최고 25%다.

대출은 신탁대출로 받으며 신탁은 갑구로 올라간다. 소유권에 관한 신탁행사가 가능하니 신탁대출 시 유리하다. 그러나 방공제 (방빼기)는 신탁대출 시 적용이 안 되고, 신탁비용이나 보증금은 사용을 못한다.

법인의 단점

- 비과세 감면 혜택이 없다.
- 대출이 어렵다.
- 법인설립 및 운용비용이 발생한다.
- 부가가치세 납세의무가 있다.

• 세원이 쉽게 노출된다.

법인의 돈은 개인 돈처럼 사용할 수 없다. 대표이사는 월급배
당금을 가져갈 수는 있지만 그에 대한 소득세 및 기타 세금을 내
야 한다. 그냥 가져갈 경우 가지급금으로 처리하며 향후 상환할
뿐더러 그에 대한 이자도 내야 한다. 그렇지 않으면 배임이나 횡
령으로 간주된다. 또 기장의무도 있다. 그만큼 법인은 돈에 관해
철저히 관리된다.

법인이 부동산을 취득한다면 납부해야 하는 취득세는 개인보
다 클 수 있다. 특히 법인을 설립할 때 수도권 과밀억제권역에 부
동산을 취득하는 경우 기존 취득세율에서 3배를 중과한 세율이
적용된다. 사무실이 수도권 과밀억제권에 위치한 5년 미만인 법
인 또한 자산을 구입할 때 취득세가 3배 높다.

복잡한 운영과 높은 비용은 '단점'

법인은 회사 자체에 사람과 비슷하게 인격을 부여해서 사업을 영
위하는 방식이다. 만약 대출을 받게 되면 개인사업체의 대표는
채무의 당사자인 반면, 법인사업체의 대표는 연대보증인이지만
채무의 당사자는 아니다.

부동산을 팔 때도 마찬가지다. 개인사업체의 대표는 양도차익
에 대한 세금을 납부하고 나면 양도금액을 마음대로 처분할 수

있지만, 법인사업체의 대표는 양도차익에 대한 세금을 납부했더라도 양도금액을 마음대로 처분할 수 없다. 대표이사이고 주식의 100%를 보유한 대주주라 해도 배당이나 급여를 통해서만 이익을 처분할 수 있다.

개인사업자가 간단한 형태의 회사라면 법인은 정식 절차를 밟아 운영되는 복잡한 형태의 회사다. 대표이사라고 해도 법인의 돈을 마음대로 가져다 쓸 수 없고, 돈의 흐름은 철저히 장부에 기록해야 한다. 그렇지 않으면 배임죄나 횡령죄로 처벌될 수 있다. 법인 소유의 부동산을 사고팔 때도 대표이사가 마음대로 할 수 없고, 정식 절차를 통해 주주들이 찬성해야만 가능하다. 비록 주주가 대표 한 명뿐이라고 해도 말이다. 그러다 보니 운영은 복잡하고 비용 또한 상대적을 더 많이 든다.

게다가 개인과 달리 비과세나 감면 혜택도 받을 수 없다. 여기에 법인 대표로서 법인에서 배당이나 급여를 받게 되면 그에 대한 소득세를 또 내야 한다. 대출도 개인사업자에 비해 어려운데, 매출이 많거나 확실한 담보가 있거나 회사 규모가 큰 게 아닌 소규모 법인이라면 대출받기가 쉽지 않다.

세금 혜택이 개인보다 많은 것은 장점

이렇게 복잡하고 규제가 많은데, 왜 사람들은 법인을 설립할까? 가장 큰 이유는 세율 때문이다. 개인이 소득세를 내는 것처럼 법

소득세와 법인세 비교

소득세		법인세	
과세표준	소득세율	과세표준	법인세율
1,200만 원 이하	6%	2억 원 이하	10%
1,200만 원 초과 4,600만 원 이하	15%		
4,600만 원 초과 8,800만 원 이하	24%	2억 원 초과 200억 원 이하	20%
8,800만 원 초과 1억 5천만 원 이하	35%		
1억 5천만 원 초과 5억 원 이하	40%	200억 원 초과	22%
5억 원 초과	42%		

인은 법인세를 내는데, 그 세율은 최소 10%에서 최대 22%까지
다. 개인사업자의 최소 세율인 6%보다는 높지만 최대 세율인
38%보다는 낮다.

개인사업자와 법인사업자의 세율은 과세표준이 4,600만 원을
넘어서는 순간부터 역전되기 시작한다. 단, 소득이나 매출이 아
니라 과세표준 기준이다. 비록 법인세 추가과세, 취득세, 개인의
소득세 등이 포함되면 달라질 수 있겠지만, 중요한 것은 수익이
일정 규모 이상을 넘어가면 개인사업자보다 법인사업자의 세금
이 더 적어진다는 사실이다. 게다가 법인사업자는 양도소득세를

내지 않기 때문에 단기매매에 유리하다. 다만 주택과 비사업용 토지에는 10%의 추가과세가 붙는다.

또한 필요경비의 공제범위가 개인사업자보다 훨씬 넓다. 대표를 비롯한 직원들의 인건비는 물론 도배나 장판 교체비용, 차량 유지비 및 유류대, 4대보험료, 각종 비품 구입비용, 법인카드 지출금액 등을 모두 비용으로 처리할 수 있다. 주주는 한 명보다 여러 명이어야 유리하다. 주주에게 지급되는 인건비가 공제되기도 하지만, 납입금액만큼만 책임을 지기 때문에 부담도 덜하다.

개인사업자와 1인법인의 가장 큰 차이점은 대표의 자격이 되느냐 직장인의 자격이 되느냐. 똑같이 돈을 벌어도 개인사업자는 모든 소득이 개인소득으로 잡힌다. 따라서 일정금액이 넘어가면 종합소득세의 누진세율 때문에 세금이 부담스러워질 수 있다. 4대보험 또한 지역가입자로 적용되므로 금액이 높은 편이다.

반면 1인법인의 대표는 개인사업자와 비슷한 일을 하더라도 엄연히 법인으로부터 월급을 받는 직장인이다. 따라서 개인소득에 잡히는 것은 월급뿐이고, 나머지는 모두 법인의 소득이다. 4대보험 역시 직장인 자격으로 납부하므로 금액이 상대적으로 낮다. 다만 금액 자체가 줄어든 것이 아니라, 법인과 나눠서 함께 납부하는 것이므로 보험료가 개인과 법인으로 나뉘어 이중으로 나갈 수 있다.

법인설립 시 반드시 따져봐야 할 4가지

수익이 늘어나게 되면 자연스럽게 법인설립을 고민하게 된다. 법인설립을 생각하는 투자자라면 반드시 고려해야 할 점이 몇 가지 있다.

① 법인사업자의 추가과세를 고려하라

법인사업자는 추가과세가 있다. 주택이나 비사업용 토지를 매매해서 얻은 매매차익에 대해서는 10%의 추가과세가 붙는다. 법인을 이용해서 토지를 편법으로 매매함으로써 부당이익을 취할 수 있는 허점 때문에 생겨난 제도다. 그나마 과거에는 추가과세율이 30%였지만 점차 완화되었다. 단, 상가나 사업용 오피스텔, 사업용 토지는 추가과세가 없다.

② 사업장이 과밀억제권역에 있는지 고려하라

법인의 소재지가 과밀억제권역에 위치하고 설립한 지 5년 미만이라면 취득세가 중과된다. 부동산은 기준세율 2%의 2배인 4%를 더 내서 거의 3배를 낸다고 보면 된다. 과밀억제권역이란 인구와 산업시설 등이 과도하게 밀집되어 있거나 그럴 우려가 있다고 보이는 지역이다. 이곳에는 공장, 학교, 주택 등의 인허가가 제한된다. 부동산 취득세를 중과세하는 것도 같은 맥락이다. 사무실이나 공장 등은 과밀억제권역 대신 사람이 많지 않은 지역에 가서 운영하라는 뜻이다.

중과세가 싫다면 사무실을 다른 지역에 내는 것이 좋다. 참고로 과밀억제권역에는 서울, 인천 일부, 의정부, 구리, 남양주 일부, 하남, 고양, 수원, 성남, 안양, 부천, 광명, 과천, 의왕, 군포, 시흥 등 16개 시가 해당된다.

③ 법인 대표 개인의 소득을 고려하라

법인을 설립할 때도 자신의 소득은 어떻게 책정할 것인지 고민해야 한다. 개인사업자와 달리 법인사업자는 적법한 절차에 의해서만 돈을 지출할 수 있다. 혼자 설립한 법인이라도 절차를 제대로 거치지 않고 돈을 빼서 사용한다면 횡령 및 배임이 된다. 대표이사가 법인으로부터 돈을 받을 수 있는 방법은 3가지다.

첫째는 근로소득, 즉 법인으로부터 월급을 받는 것이다. 이때 대표이사의 급여는 일반적인 직장인과 똑같이 적용된다. 둘째는 배당소득이다. 주주로서 법인의 이익잉여금을 나눠 받는 것이다. 이때도 역시 배당소득세를 원천징수한다. 세율은 14%로 높은 편인데 여기에 지방소득세가 붙어 총 15.4%를 원천징수한다. 셋째는 가지급금 형태로 가져가는 것이다. 가지급금이란 회사가 임직원에게 돈을 임시로 지급해주는 것이다. 그러나 어디까지나 임시로 지급한 것이므로 반드시 상환해야 하며 이자도 내야 한다.

4 정말로 법인이 더 이익인지 다시 확인하라

가장 중요한 것은 법인을 설립했을 때 정말로 세금이 절약되는지 미리 다시 한번 따져보는 일이다. 앞서 살펴본 대로 매출이 계속 성장하다 보면 어느 순간 개인사업자가 내는 소득세가 법인사업자의 법인세보다 더 많아지는 시점이 온다. 이때 법인설립을 고려하게 된다. 그러나 단순히 세율만 생각해서는 안 된다. 법인세 추가과세, 취득세 중과세, 급여에 따른 근로소득세, 인건비 및 보험료, 기타 운영비용 등을 모두 따져봐야 한다. 그렇지 않으면 세율은 낮아졌는데 실제 나가는 비용은 오히려 더 늘어날 수 있다.

과거와 달리 요즘은 법인을 설립하기가 매우 쉬워졌다. 주주가 한 명뿐이고 자본금이 100만 원만 있더라도 법인을 설립할 수 있다. 자본금이 10억 원 미만이라면 감사를 따로 두지 않아도 된다. 한 사람이 여러 개의 법인을 설립할 수도 있다. 사업을 하는 데 걸림돌을 최소화하겠다는 정부의 취지 덕분이다.

다만 법인에 대한 감시와 관리는 더 엄격해졌다. 과거에는 법인의 대표이사라고 하면 온 가족에게 법인카드를 쓰게 해서 모든 생활비를 충당하거나 법인 명의로 가족의 차를 구입하기도 했다. 그러나 요즘은 세무당국에서 법인카드의 사용을 엄격히 관리하고 있다. 만약 주말에 대표이사의 집 근처 대형마트에서 법인카드가 사용되었다면 개인적인 지출로 보아 손금으로 인정해

주지 않는다.

부동산 투자를 하는 데 있어 법인사업자와 개인사업자 중 어느 방식이 유리한지는 획일적으로 따질 수 없다. 각각의 상황에 따라 더 유리한 방법이 바뀌기 때문이다. 법인의 장단점을 잘 따져보고 유리한 방향을 투자의 방향을 설정하길 바란다.

부동산법인의 Q&A

Q. 부동산 초보일수록 법인으로 투자하는 게 좋다는 말이 사실인가요?

초보가 법인을 설립하기에는 이르다는 생각이 보편적이지만 초보일수록 법인으로 투자하는 편이 좋다. 누구나 처음에는 서툴다. 물건을 보는 안목이 트이기도 전에 매입한 부동산으로 좋은 성과를 내기 어렵다. 서툴기 때문에 법인으로 시작하기를 권한다. 당연히 실수할 수 있고 성공하기도 하겠지만, 승률이 낮을 테니 법인으로 해서 리스크를 분산해야 한다.

개인의 경우 차익과 차손은 같은 해에 일어나야 하지만, 법인은 당해 사업연도부터 10년 후까지 손실을 이월하는 것이 가능하다. 그래서 손해가 본 물건을 수익이 난 물건과 함께 처리하면 그만큼 세금 혜택을 볼 수 있다. 그러나 이월결손금 공제 한도가 존재함을 유의하자.

Q. 과밀억제권역 내 설립한 지 5년 넘은 법인 중 오랜 기간 활동하지 않아 휴면 상태가 된 법인을 인수하면 취득세 중과세를 피할 수 있나요?

과거에는 이런 방법이 가능했으나 현재는 관련 법이 개정되어 휴면 법인은 최초 설립일로부터 5년이 경과한 것으로 인정하지 않고 인수한 시점에 신규 설립한 것으로 간주한다. 따라서 이 경우에도 취득세 중과세를 피할 수 없다.

Q. 6·17 부동산 대책으로 인해 법인을 통한 거래가 위축될 거라고 하는데, 어떨까요?

6·17 부동산 대책은 여러 가지가 포함되어 있으나 그중 법인 관련 대책은 법인이 그동안 가지고 있던 장점을 모두 빼앗아버린 대책으로 보아도 무방하다. 법인투자자의 부동산, 특히 아파트와 주택 투자 시 장점을 모두 빼앗아 버린 대책이다. 즉, 6·17 부동산 대책은 아파트 등 주택 투자 시 대출 규제나 다주택자로서의 과도한 세금에서 법인사업자들이 누리던 혜택을 모두 차단해 이제는 주택 투자 시 법인사업자의 투자 메리트는 사실상 대부분 없어졌다고 보면 된다. 그러나 주택이나 아파트 투자가 아니고 나대지 등 토지에 투자에서 일정의 가치는 있다. 참고로 개인의 NPL 진입을 막아놓으니 대위변제가 그 돌파구로 사용되는 것처럼, 이제는 토지나 나대지 등에 법인 투자가 예견된다.

한눈으로 분석하는 경매의 흐름

임의경매와 강제경매

경매란 부동산을 담보로 빚을 지고 제대로 갚지 못해서 법원에서 부동산을 강제로 매각하고 그 대금을 채권자들에게 나누어주는 절차다. 경매에는 강제경매와 임의경매가 있다. 임의경매는 저당권 실행을 해서 채권을 회수하는 방법이고, 강제경매는 채권회수를 위해 법원의 판결을 받아 집행하는 방법이다. 조금 더 자세하게 알아보자.

저당권 실행으로 경매신청을 하는 임의경매

돈을 빌려주는 대가로 상대방의 부동산에 근저당을 설정한다는 것은 만약 서로 약속한 기한 내에 빌려준 돈을 갚지 않으면 담보로 잡은 부동산을 경매로 매각해 빌려준 채권금액을 회수하겠다는 무언의 약속이 되어 있는 것이다.

은행이 돈을 빌려주는 경우에는 보통 실제 대출금보다 많은 120%를 근저당 설정하는데, 그 이유는 채무자가 나중에 돈을 안 갚아서 경매를 진행하게 되는 경우 시간이 오래 걸리기 때문에 그동안 발생하는 원금에 대한 이자 부분까지 고려해서 설정하기 때문이다.

판결문을 받아 진행하는 강제경매

강제경매는 임의경매와 달리 부동산을 담보로 잡지 않고 돈을 빌려주는 것이다. 개인 간 흔히 차용증만 쓰고 돈을 빌려주거나 은행에서 개인의 신용만으로 대출을 해주는 경우다.

이때 돈을 빌려간 채무자가 돈을 갚지 못하는 경우 채권자는 채무자의 재산(부동산이나 계좌 등)을 압류해서 자기 채권금액을 회수하기 위해 법원에 별도의 허가를 받아야 한다. 즉, 돈을 빌려준 증거(차용증, 은행의 신용대출 서류)는 확실하지만, 공인받은 서류가 아니라 사적인 계약에 불과하다.

이런 사적 서류를 가지고 채무자 재산을 강제처분하기 위해서는 법원의 허가가 필요하다. 이를 위해서 법원에 부당이득금 반환 청구소장을 접수한 뒤 채무액에 대한 확정판결을 받아야 한다. 이 판결문이 있어야 채무자의 재산을 강제로 매각하는 절차를 진행할 수 있는데 만약 채무자의 재산 중 부동산이 있으면 이 부동산을 강제로 매각해 빌려준 채권금액을 회수할 수 있다. 이를 강제경매라 한다.

🏠 청운선생님, 알려주세요!

Q. 형식적 경매는 무엇인가요?

민법, 상법, 기타 법률 규정에 따라 재산의 가격 보존 또는 재산의 분할 및 정리를 목적으로 하는 경매로, 이는 청산을 위한 경매, 자조매각, 타인의 권리를 상실시키는 경매, 유치권자의 경매, 공유물분할을 위한 경매 등이 해당한다.

유치권 경매의 경우 유치권자는 배당을 받지 못한다. 공유물분할 경매는 자기 재산에 대한 협의로 분할이 되지 않아 경매를 통해 낙찰받은 금액을 가지고 지분율에 따라 배당을 받는다. 이렇듯 경매로 채권회수절차가 정상적으로 이루어지지 않는 경매를 형식적 경매라고 한다.

경매절차 한눈에 보기

경매 절차

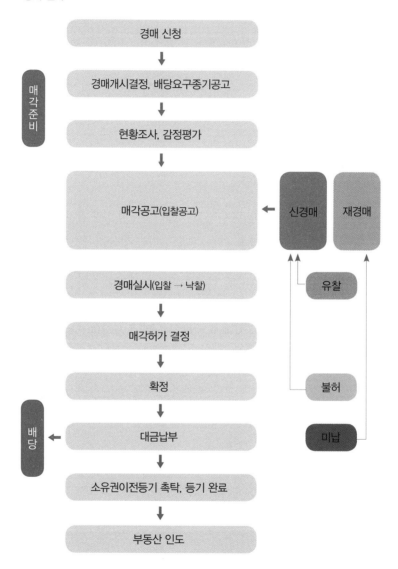

채권자가 경매신청을 하면 법원은 경매개시결정을 하고 기입등기를 한다. 법원은 배당요구종기를 정하고, 집행관에게 목적물에 대한 현황조사를 명하고 감정인에게 평가하도록 한다. 이를 기초로 최저매각가격 등의 매각조건을 정하고 매각물건명세서를 작성해 비치한다. 그다음 매각기일과 매각결정기일을 정해 공고한다. 배당요구신청의 종기는 경매개시결정에 따른 압류의 효력이 생긴 때부터 1주일 내에 공고해야 하며, 첫 매각기일 이전으로 정한다. 통상 1개월 이내다.

매각기일은 집행관이 진행하고, 최고가매수인이 정해지면 매각을 허가하고 매각대금 지급기한을 정한다. 그다음 배당을 실시하고 매수인은 대금을 완납한 시점에 소유권을 취득한다. 법원은 경매기일과 경락기일을 이해관계인에게 통지해야 한다.

이해관계인의 범위(민사집행법 90조)

① 경매신청을 한 압류채권자와 집행력 있는 정본에 의한 배당요구
   채권자
② 채무자 및 소유자
③ 등기부에 기입된 부동산 위의 권리자
④ 부동산 위의 권리자로서 그 권리를 증명한 자

Q. 매각허가에 대한 이의신청이 무엇인가요?

「민사집행법」에 따라 '매각허가에 대한 이의신청'으로 표현하는 게 옳지만, 실무적으로는 '매각불허가 신청'이라고 많이 쓰고 있다. 매각불허가 신청은 매각허가결정 전에 신청해야 하는데, 그 기한이 7일밖에 되지 않는다. 다행히 매각불허가 신청이 받아지면 입찰보증금을 되돌려 받을 수 있지만, 그렇지 않으면 입찰보증금을 손해 보게 된다. 「민사집행법」 제121조에 의해 다음의 경우 신청이 가능하다.

① 강제집행을 허가할 수 없거나 집행을 계속 진행할 수 없을 때 ② 최고가매수신고인이 부동산을 매수할 능력이나 자격이 없는 때 ③ 매수할 자격이 없는 사람이 최고가매수신고인을 내세워 매수신고를 한 때 ④ 매수신청을 방해, 담합하거나 매각실시를 방해한 사람 등에 해당되는 때 ⑤ 최저매각가격, 일괄매각의 결정, 매각물건명세서에 중대한 흠이 있는 때 ⑥ 천재지변, 현저한 훼손, 중대한 권리관계가 변동된 사실 밝혀진 때 ⑦ 경매절차에 그 밖의 중대한 잘못이 있는 때 등이다.

매각대금이 지급되면 법원은 배당절차를 밟아야 한다. 매각대금으로 배당에 참가한 모든 채권자를 만족시키지 못한 때는 법원은 「민법」「상법」 그 밖의 법률에 의한 우선순위에 따라 배당해야 한다. 매수인이 매각대금을 지급하면 법원은 배당에 관한 진술 및 배당을 실시할 기일을 정하고 이해관계인과 배당을 요구한 채권자에게 이를 통지해야 한다.

배당기일이 정해지면 법원사무관은 채권자에게 채권계산서의 제출을 최고한다. 집행법원은 배당기일의 3일 전까지 배당표 원안을 작성해 법원에 비치한다. 법원은 배당기일에 출석한 이해관계인과 채권자를 심문해 배당표를 확정한다.

대금은 미납 시 재경매되고, 납부 시 배당절차(납부 후 4주 이내)를 진행한다. 배당표에 대해서는 채권자 또는 채무자 등이 이의를 제기할 수 있다. 이의가 완결되면 배당표를 경정해 배당을 실시한다. 채무자와 채권자 등은 배당이의의 소를 제기할 수 있다. 대금 납부 후 2주 이내 배당기일 지정통보하고, 배당이의가 없으면 '배당표 작성 → 배당금 지급 → 배당 실사 후 배당조서 작성', 배당이의가 있으면 '배당에 대한 이의 제기 → 배당이의 신청 시 1주일 이내, 배당 확정될 때까지 배당금 공탁'한다.

배당요구신청서

배당요구신청서

사건번호   타경

채무자 (이름)
        (주소)

배당요구채권자 (이름)   (주민등록번호   -   )
               (주소)
               (연락처)

청구채권

원금
지연손해금

신청이유

위 배당요구채권자는 채무자에 대하여 귀원 ○○가소○○약속어음금 청구사건에 관한 집행력있는 판결정본에 의한 전기 표시채권을 가지고 있는 바, 채무자는 이 번 타 채권자로부터 ○○타경○○부동산강제경매 사건으로 강제경매집행을 받았으므로 매각대금에 대하여 배당요구를 하고자 함.

[첨부서면]
1.집행력있는 정본·사본 또는 그 밖에 배당요구 자격을 소명하는 서면
2.송달증명

20   .   .   .
위 배당요구채권자   (날인 또는 서명)

○○○○**법원 ○○지원 경매 계 귀중**

◇ 유의사항 ◇

1. 연락처란에는 언제든지 연락 가능한 전화번호나 휴대전화번호(팩스번호, 이메일 주소등도 포함)를 기재하기 바랍니다.
2. 이 신청은 배당요구의 종기까지 할 수 있습니다.

210

권리신고 및 배당요구신청서

<table>
<tr><td colspan="2" align="center">권리신고 및 배당요구신청서</td></tr>
</table>

사건번호   타경   부동산강제(임의)경매
채 권 자
채 무 자
소 유 자

임차인은 이 사건 매각절차에서 임차보증금을 변제받기 위하여 아래와 같이 권리신고 및 배당요구신청을 합니다.

아   래

1	임차부분	전부(방 칸), 일부(층 방 칸) ※ 건물 일부를 임차한 경우 뒷면에 임차부분을 특정한 내부구조도를 그려 주시기 바랍니다.
2	임차보증금	보증금 원에 월세 원
3	배당요구금액	□보증금과 같음 □(보증금과 다름) 원 ※ 해당 □에 ✓표시하여 주시고, 배당요구금액이 보증금과 다른 경우에는 다른 금액을 기재하시기 바랍니다.
4	점유(임대차)기간	20 . . .부터 20 . . .까지
5	전입일자 (주민등록전입일)	20 . . .
6	확정일자 유무	유(20 . . .), 무
7	임차권·전세권등기	유(20 . . .), 무
8	계약일	20 . . .
9	계약당사자	임대인(소유자) 임차인
10	입주한 날 (주택인도일)	20 . . .

첨부서류
1. 임대차계약서 사본 1통
2. 주민등록표등·초본(주소변동사항 포함) 1통
                20   .   .   .

권리신고인 겸 배당요구신청인   (날인 또는 서명)
(주소 :   )
(연락처 :   )
                          지방법원   귀중

※ 임차인은 기명날인에 갈음하여 서명을 하여도 되며, 연락처는 언제든지 연락가능한 전화번호나 휴대전화번호 등(팩스, 이메일 주소 등 포함)을 기재하시기 바랍니다.

자료: 전자민원센터

소액임차인 우선배당 요구신청

사　　건
채 권 자
채 무 자
배당요구채권자(소액임차인)

배당당요구채권 금　　　　만원

위 배당요구채권자(소액임차인)은 이 사건 매각목적부동산에 임대차계약 후 아래와 같이
입주하여 왔던 비 본건 매각부동산의 매득금 중 우선 배당하여 주시기 바랍니다..
전입신고일 20 ．　．　．
입 주 일 20 ．　．　．
임차보증금　　　　원
우선배당요구액　　　　원

첨 부 서 류

1.
1.

20 ．　．　．

소액임차인　　　　인

지방법원　　지원 귀중

4장

청운선생의 부동산 천기누설

청운선생이 콕 집어주는 Q&A

인사이트를 주는 청운선생의 부동산 칼럼

청운선생이 콕 집어주는 Q&A

#경매 #강제집행 #명도소송

Q. 경매에서 부동산을 낙찰받았는데 대항력이 있는 세입자가 있어 전세금을 인수했습니다. 그런데 세입자가 과도한 이사비를 청구해 명도소송을 통한 강제집행을 고려하고 있습니다. 명도 후 전세금 반환 시 전세금에서 강제집행 비용을 제외한 나머지를 돌려주어도 될까요?

전세금을 인수하고 낙찰받았다면 세입자에게 지급될 돈이 있다는 말이다. 경매로 집주인이 바뀌어 전세금을 한 푼도 못 받은 채 이사비로 겨우 100만~200만 원을 받고 나가는 상황은 빈번하게 일어난다. 전세금을 고스란히 받을 수 있음에도 이사비를 요구한다는 것은 낙찰자에게 과도한 요구를 한다고 여겨진다. 당연히 강제집행 비용을 제외하고 지급해도 된다. 강제집행 관련해 절차와 참고사항을 살펴보자.

1 명도소송 승소 후

법원은 패소한 피고에게 판결문을 송달한다. 피고가 판결문을 송달받은 날에서 2주 이내 판결에 대한 이의를 제기하지 않는다면 판결문은 확정된다. 판결문이 확정되더라도 곧바로 강제집행을 진행할 수는 없다. 집행문을 부여받아야 한다. 판결문 확정 이후 판결문, 집행문부여 신청서 2장(한 장에는 수입인지를 붙이고 날인, 나머지 한 장은 날인만 함), 신분증 도장(막도장 가능)을 지참해 담당 재판부에 출석하면 판결을 집행할 수 있도록 판결문 뒤쪽에 집행문을 한 장 붙인다. 판결문 앞쪽에는 확정증명원을 붙여준다.

　법원에 직접 가기 어렵다면 우편으로도 집행문을 발급받을 수 있다. 판결문, 집행문부여 신청서 2장, 신분증 복사본, 우표 붙인 환부봉투를 담당 재판부로 보내면 담당 재판부에서 집행문을 발급해 보내준다. 다만 1~2주일 정도 시간이 더 걸린다. 어차피 강제집행을 신청하려면 법원에 가야 하니 같은 날 처리하면 편하다.

② 집행문을 부여받은 이후

판결문에 집행문까지 있다면 강제집행을 신청할 준비가 끝났다. 강제집행 신청서를 작성해서 판결문과 함께 집행관 사무소에 접수하면 된다.

③ 강제집행 접수

강제집행을 접수하면 법원에 집행비용을 납부해야 한다. 대부분의 법원이 1차 비용만 받지만, 간혹 2차 비용까지 미리 받는 법원도 있다. 1차 비용은 보통 5만~6만 원 사이다. 강제집행 접수증과 은행에 제출할 납부증을 받아 법원 내 은행에서 납부하고 영수증을 챙겨놓으면 된다. 추후 집행관은 1차 계고 시기와 입회인 2명이 필요함을 안내해준다.

간혹 1차 계고 시 사람이 없을 경우 강제로 문을 열어 안내장을 문 안쪽에 붙인다. 이때 나중에 세입자가 물건이 없어졌다거나 파손되었다고 이의를 제기할 경우를 대비해 증인으로 성인 2명을 대동해야 하는데, 이를 입회인이라고 한다. 데려갈 사람이 없다면 집행관에게 입회인 2명을 부탁할 수 있다. 단, 입회인에게 각각 일당을 줘야 하며, 집 안에 사람이 있어 입회인이 필요없더라도 일당을 줘야 한다. 문을 강제로 열 때 필요한 열쇠수리공도 집행관이 데리고 온다. 물론 비용은 우선 임대인이 지불한다. 세입자에게 자진명도 할 기간으로 일주일 말미를 주는데, 이때 세입자와 대화로 잘 풀어가는 것도 중요하다.

❹ 자진명도 기한 이후

일주일이 지나도 세입자가 자진명도를 하지 않거나 밀린 월세를 해결하지 못한다면 집행관에게 명도집행을 요청하고 집행관 사무소에 비용을 납부한다. 이것이 3번에서 말했던 2차 비용이다. 2차 비용은 '강제집행 비용(1차 비용 동일)+노무비(이삿짐을 뺄 인부 비용)+사다리차 비용(2층 이상이면 사용)'이다. 예상 비용은 건물의 면적, 층수에 따라 다르지만 대부분 80만~150만 원가량이다. 납부 후 집행관에게 집행일을 잡아달라고 요청하면 된다.

⑤ 명도집행 당일

명도집행 당일에도 1차와 같이 입회인 2명을 대동한다. 세입자가 울며불며 매달리더라도 거의 해결되지 않기 때문에 그대로 진행하는 편이 낫다. 임대인은 그냥 기다리면, 인부들이 짐을 다 빼고 열쇠수리공이 바꾼 열쇠를 임대인에게 건네준다.

⑥ 명도집행 이후

만약 세입자가 이삿짐을 가져간다고 하면 바로 가져가라고 하자. 그러면 이삿짐 보관료 선납분은 반환된다(단, 보관료는 하루도 한 달로 보기 때문에 보름 후에 찾아가면 2개월분이 반환됨). 만약 세입자가 이삿짐을 찾아가지 않는다면 3개월 이후 보관료 또한 고스란히 임대인의 몫이다. 짐을 다 빼도 명도집행이 끝난 것은 아니다. 이삿짐을 처리해야 하는데, 몇 가지 방법이 있다.

- 채권채무관계라면 공증이나 기타 집행력 있는 정본으로 이삿짐에 대한 압류신청을 해서 처리할 수 있다. 그러나 대부분 임대차관계이니 추천하지 않는다.
- 집행비용 확정결정문을 신청하면 명도집행 시 임대인이 지출한 내

용을 법원에서 확정해준다. 이를 가지고 이삿짐에 대한 압류를 진행할 수 있다.

- 세입자의 최종 주소지로 이삿짐을 찾아가라는 내용증명을 일주일 단위로 두어 번 보내고, 집행관에게 내용증명을 보인다. 그럼 집행관은 판사에게 요청해 이삿짐을 압류할 수 있도록 절차를 밟아준다.

위 3가지 방법 중에 정해서 강제집행을 신청하면 된다. 여기에서도 비용이 발생하는데, 집행비용은 그 과정에 따라 청구금액이 달라진다.

7 이삿짐에 대한 압류신청 이후

집행관이 압류일을 알려오면 당일 이삿짐이 보관되어 있는 이삿짐센터로 가야 한다. 이때도 입회인 2명을 대동해야 하는데 이삿짐센터 직원에게 부탁해도 된다. 그다음 보관되어 있는 이삿짐에 압류딱지를 붙인다.

8 압류 이후

매각일이 잡힌다면 마찬가지로 이삿짐센터에 간다. 이런 경우는 대부분 일괄경매이기 때문에 이불, 의류 등이 있어 일반 입찰자들은 거의 없다. 대부분 임대인이 낙찰받고 소각처리한다. 이삿짐 양에 따라 40만~50만 원의 비용이 발생한다. 이삿짐센터 직원에게 비용을 지불하면 알아서 처리한다. 이로써 명도소송 절차가 모두 끝난다.

명도소송 접수 전에 세입자와 충분히 대화로 풀어가려고 노력해야 한다. 가장 놓치기 쉬운 점은 많은 임대인들이 보증금으로 월세 미납분을 공제하겠다고 안심하는 것이다. 이렇게 기다리다간 최소 300만 원부터 500만 원까지 손해를 보게 된다. "명도소송은 시간과 돈의 싸움이다."라는 말이 있다. 지금까지의 비용은 명도소송이 끝나고 난 후 명도집행(강제집행)을 하는 과정에서 발생하는 법적비용이다. 이렇듯 임대인이 생각하지 못했던 비용이 발생함을 잊지 말자.

#분묘기지권 #지료청구

Q. 분묘기지권에는 지료를 청구할 수 없나요?

분묘기지권이 성립된다면 통상 등기 없이 분묘기지권이 인정된다. 지료 또한 지급할 의무가 없다. 분묘기지권이란 '타인의 토지에 분묘를 설치한 자가 그 분묘를 소유하기 위해 분묘의 기지 부분인 토지를 사용할 수 있는 지상권에 유사한 물권'을 말한다. 오래전부터 관습법상 특수한 지상권으로 인정되어 왔다. 분묘기지권이 인정되는 경우는 다음과 같은 3가지다.

① 소유자의 승낙을 얻어 그 소유지 안에 분묘를 설치한 경우
② 타인 소유의 토지에 소유자의 승낙 없이 분묘를 설치한 뒤, 20년
  간 평온·공연히 그 분묘의 기지를 점유해 시효로써 취득한 경우
③ 자기 소유의 토지에 분묘를 설치한 자가 후에 그 분묘기지에 대한
  소유권을 유보하거나 분묘를 따로 이장한다는 특약 없이 토지를
  매매 등으로 처분한 경우

분묘기지권은 한 번 성립되면 다른 약정이 없는 한 그 권리자가 분묘를 벌초하는 등 관리만 하면 영구히 존속되고, 지료도 특약이 없다면 내지 않아도 되는 것으로 해석되었다. 즉, 대법원은 "지료에 대한 약정이 없는 한 지료의 지급을 구할 수 없는 점에 비춰보면, 분묘기지권을 시효취득하는 경우에도 지료를 지급할 필요가 없다고 해석함이 타당하다."라고 해 '20년간 점유로 시효취득하는 경우'에는 지료를 내지 않아도 되는 것으로 보았다. 이 판례의 취지상 '토지소유자의 승낙을 얻어 분묘를 설치한 경우'에도 지료에 관한 약정이 없는 한 무상이라고 보아야 한다.

대법원 2017. 1. 19. 선고 2013다17292 전원합의체 판결
[분묘철거등] 〈분묘기지권의 취득시효에 관한 사건〉 [공2017상.347]

[판시사항]

타인 소유의 토지에 분묘를 설치한 경우에 20년간 평온, 공연하게 분묘의 기지를 점유하면 지상권과 유사한 관습상의 물권인 분묘기지권을 시효로 취득한다는 법적 규범이 2000. 1. 12. 법률 제6158호로 전부 개정된 '장사 등에 관한 법률'의 시행일인 2001. 1. 13. 이전에 설치된 분묘에 관하여 현재까지 유지되고 있는지 여부(적극)

[판결요지]

[다수의견] (가) 대법원은 분묘기지권의 시효취득을 우리 사회에 오랜 기간 지속되어 온 관습법의 하나로 인정하여, 20년 이상의 장기간 계속된 사실관계를 기초로 형성된 분묘에 대한 사회질서를 법적으로 보호하였고, 민법 시행일인 1960. 1. 1.부터 50년 이상의 기간 동안 위와 같은 관습에 대한 사회 구성원들의 법적 확신이 어떠한 흔들림도 없이 확고부동하게 이어져 온 것을 확인하고 이를 적용하여 왔다. 대법원이 오랜 기간 동안 사회 구성원들의 법적 확신에 의하여 뒷받침되고 유효하다고 인정해 온 관습법의 효력을 사회를 지배하는 기본적 이념이나 사회질서의 변화로 인하여 전체 법질서에 부합하지 않게 되었다는 등의 이유로 부정하게 되면, 기존의 관습법에 따라 수십 년간 형성된 과거의 법률관계에 대한 효력을 일시에 뒤흔드는 것이 되어 법적 안정성을 해할 위험이 있으므로, 관습법의 법적 규범으로서의 효력을 부정하기 위해서는 관습을 둘러싼 전체적인 법질

서 체계와 함께 관습법의 효력을 인정한 대법원판례의 기초가 된 사
회 구성원들의 인식·태도나 사회적·문화적 배경 등에 의미 있는 변화
가 뚜렷하게 드러나야 하고, 그러한 사정이 명백하지 않다면 기존의
관습법에 대하여 법적 규범으로서의 효력을 유지할 수 없게 되었다
고 단정하여서는 아니 된다.

#사망자공유물분할 #형식적경매

Q. 공유지분 1/2 임야를 낙찰받았는데, 타 지분권자가 사망한 사
실을 알았습니다. 사망자의 자식과 문제를 상의했으나 전혀
신경을 쓰지 않습니다. 임야에 묘지도 있고 토지지형상 현물
분할은 힘들어 보입니다. 그래서 공유물분할 소송을 하지 않
고 곧바로 대금분할인 형식적 경매로 진행하는 소송으로 진
행했으면 합니다. 사망자가 공유자인데 소송 진행방법과 소
송명, 청구취지 등 고견을 부탁드립니다.

공유물분할 신청 시 일단 사망자를 상대로 하고, 그 후 당사자
변경을 신청해 사망자의 상속인으로 한다. 공유물분할 소송은 통
상 잘 협의가 이루어지지 않고, 결국 현금분할로 마무리된다. 이
때 경매에 들어가더라도 공유자는 우선 매수청구권이 없다. 이
건은 주소보정명령을 받아 상속자를 찾아야 하므로 시간이 1년

정도 걸릴 것이다. 주소보정 후 당사자가 미출석한다면 공시송달로 처리해도 된다. 대신 추후 추완항소의 가능성이 있다.

질의자가 현금분할을 원한다 해도 일단 공유물분할 형태로 청구취지나 청구원인을 신청하길 바란다. 법원은 협의분할을 추진하나 결국 협의가 어려우므로 법원은 경매를 통한 현금분할을 명할 수밖에 없다. 이런 결과는 이미 정해져 있다. 다만 시간과 법원 출석만 각오하면 된다.

공유물분할에 의한 소유권이전등기란 공유관계를 해소하고 각자의 소유로 하는 등기를 말한다.

공유물분할의 개념과 방법

공유물분할은 공유관계 소멸 원인 중 하나로, 법률의 규정이나 별단의 특약이 없는 한 각 공유자는 공유물의 분할을 청구할 수 있다(민법 제268조 제1항).

공유물분할 방법

- 협의에 의한 분할: 공유자는 공유물분할을 청구할 수 있으며, 협의에 의해 진행된다(민법 제268조 제1항 및 제269조 제1항).

- 재판에 의한 분할: 협의가 성립되지 않은 경우 공유자는 법원에 그 분할을 청구할 수 있다(민법 제269조 제1항).

공유물분할 소송은 필수적 공동소송으로 공유자 전원이 소송 당사자가 되어야 한다(대법원 2003. 12. 12 선고 2003다44615 판결).

현물분할이 원칙이나 현물로 분할할 수 없거나 분할로 인해 현저히 그 가액이 줄어들 염려가 있는 경우 법원은 물건의 경매를 명할 수 있다(민법 제269조 제2항).

공유물분할에 의한 소유권이전등기 신청인

공유물분할에 의한 소유권이전등기 시 등기권리자와 등기의무자는 다음과 같다.

- 등기의무자: 자기의 지분을 이전해주는 자
- 등기권리자: 다른 공유자의 지분을 취득하는 자

공유물분할에 의한 소유권이전등기는 등기의무자와 등기권리자가 공동으로 신청해야 한다(부동산등기법 제23조제1항).

공유물분할의 판결이 확정되거나 재판상 화해가 성립하면 공유자는 각자 분할된 부분에 대한 단독소유권을 취득하게 된다. 따라서 그 소송의 당사자는 확정판결이나 화해조서를 첨부해, 등기권리자 단독으로 공유물분할을 원인으로 한 지분 이전등기를 신청할 수 있다(1994. 3. 25 제정, 등기선례 4-221).

청구취지 기재의 기본 예시는 다음과 같으니 참고하자.

청구취지

서울 OO구 OO동 123의 4 대 100m² 중 별지도면 표시 1, 2, 3, 4, 1의 각 점을 순차 연결한 선 내의 A부분 50m²를 원고의 소유로, 같은 도면 표지 2, 5, 6, 7, 2의 각 점을 순차로 연결한 선 내의 B부분 50m²를 피고의 소유로 각 분할한다.

소송비용은 피고의 부담으로 한다.

#도로사용승낙서 #맹지도로 #현황도로

Q. 지목이 도로로 되어 있는 개인 사도에 지분권자는 5명입니다. 저는 도로의 지분이 없습니다. 제 땅이 이 도로와 약 30m 접해 있는데, 공장을 지으려고 합니다. 지분권자의 토지 사용 승낙을 받아야 하나요?

당연히 받아야 한다. 만일 토지 사용 승낙이 없다면 허가가 거부된다. 그리고 토지 사용 승낙자는 상당한 토지가치 하락이 일어난다. 통상 감정평가 시 도로 부지는 인접 토지의 20~30% 정도만 감정해주기 때문에 토지 사용 승낙을 받을 때 대부분 보상을 요구한다. 잘 협조해 토지 사용 승낙서를 받길 바란다.

토지사용승낙서

토지사용승낙서

토지현황	위 치						
	지적(㎡)		지 목		사용승락 면적(㎡)		

토지소유자	주 소				
	성 명		법인(주민) 등록번호		

토지사용자	주 소				
	성 명		법인(주민) 등록번호		

　　상기 토지소유자는 해당 토지에 대해 금번 (건축에 따른 도로)를 위한 부지로
토지사용자가 사용함에 있어 위와 같이 토지의 사용을 승낙하며, 본 토지를 사용함에 있어
아무런 이의를 제기치 않고, 토지에 대한 모든 권한을 승낙합니다.

첨 부: 토지등기부등본 1부
　　　소유자 및 사용자 인감증서 각 1부

　　　　　　　　　　　20 년   00월   00일

　　　　　　　　　　　　　　　　토지소유자　　성명:　　　　　　(인)

　　　　　　　　　　　　　　　　토지사용자　　성명:　　　　　　(인)

도로 없는 땅(맹지)과 토지(도로) 사용 승낙서

토지에 도로가 없어 제대로 활용하지 못하는 사람이 많다. 도로가 없는 맹지는 주택지로 인허가를 받을 수 없다. 1천m² 미만 면적을 개발할 때는 3m 이상 도로가 있어야 한다. 1천~5천m²는 인접한 도로가 4m 이상이 되어야 하고, 5천m² 이상을 개발할 때는 6m 이상의 도로를 확보해야 한다. 또 대지와 최소 2.5m 이상 접하고 있어야 한다.

단, 시·군에서 특별히 예외로 적용하기도 하고, 지적도에는 없지만 현황에 있는 도로(현황도로)로 인정받을 수도 있으나 쉬운 일은 아니다. 개발하려면 일정 폭 이상 도로를 확보해야 하며, 도로는 지적도상에 있어야 한다. 다만 시골 땅은 지적도상에 도로가 있어도 현황을 확인해보면 하천 등으로 유실된 경우도 많고, 주민들이 장기간 다른 용도로 무단 사용하는 경우도 있기 때문에 현장 확인이 필요하다. 또 측량해보면 지적이 달라져 지적상 도로와 현황도로가 차이 나는 경우가 많다.

도로가 없는 땅에 도로를 만드는 방법은 도로에 해당하는 토지의 주인을 만나 도로 부분만큼 매입하는 것이다. 하지만 땅을 팔지 않거나, 팔아도 비싼 값을 요구하거나 다른 조건을 달기 때문에 그만한 대가를 치러야 한다.

도로를 해결하는 또 하나의 방법은 토지 사용 승낙서다. 이는 도로에 해당하는 토지주를 만나 토지를 빌리는 것이다. 명확한 조건으로 계약하고 인감도장의 날인과 인감증명서가 첨부된 동의서가 있다면 도로로 인정받을 수 있다. 도로가 있어도 다른 사람 소유의 토지(사도)라면 경우에 따라 도로 사용 승낙서를 받아야 한다.

토지(도로) 사용 승낙서는 일정한 양식이 없다. 이전 페이지의 서류를 참고해 토지주의 인감도장과 인감증명서를 받아 인허가가 필요할 때 제출하면 된다.

#현황도로 #도로사용료 #지목

Q. 귀촌한 지 3개월이 채 안 된 가족입니다. 지적도상 도로도 있고 집 2채 모두 등기가 되어 있어 문제가 없어 보였기에 집을 사서 이사했습니다. 어느 날 느닷없이 한 사람이 찾아와 우리 가족이 사용하는 진입로가 자기가 소유한 땅이라면서 땅을 사든지 사용료를 내라고 요구했습니다. 통장님이 말하기를 30년도 더 된 현황도로라고 하고, 동사무소에 알아보니 원래 있던 지목상 진입로를 찾으라 합니다. 어떻게 해결해야 현황도로를 사용할 수 있을까요?

결론을 먼저 말하자면 실제 지목상 도로를 찾거나 현황도로의 토지소유자에게 적절한 보상을 해야 한다. 보상보다 지목상 도로를 찾는 데 더 적은 비용이 들기에 이 편이 좋다. 법원을 통한 통행방해금지 가처분 소송을 제기해 자료를 판단받는 방법도 있다. 이 경우 법원은 감정평가 후 지료가 결정되며 토지소유자는 질의자의 통행을 막을 수 없다.

현황도로는 누가 개설한 도로가 아니고 주민이 살아가면서 자연스럽게 형성된 도로를 말한다. 지목과는 관계가 없다. 5세대 이상 주민이 사용하는 현황도로는 관할청장이 도로로 지정할 수 있다. 하지만 관할청장이 도로로 지정한다면 소유자(이해관계인)는 관할청을 상대로 도로로 지정한 토지에 대해 「민법」에 의해 강제매수 청구를 할 수 있다. 소유자가 강제매수 청구를 한다면 관할시청에서는 매수할 수밖에 없고 토지값이 지불되어야 한다. 그러므로 이 부분을 해결하려면 사용자가 토지소유자(현황도로 토지소유자)에게 토지를 매입하거나 사용료를 주고 동의를 받는 수밖에 없다.

현황도로와 지적도상 도로

지적도상 도로는 지적도상에 도로로 표시되어 있는 도로로, 건축법상 진입도로의 요건을 갖추고 건축물을 지을 수 있는 도로를 말한다. 현황도로는 현재 사람과 자동차가 통행할 수 있는 상태인 도로를 말한다. 건축법에서 진입도로로 요구되는 도로는 지적도상 도로인 동시에 현황도로여야 한다. 진입도로의 폭과 접도의

무 또한 규정하고 있어 이에 적합해야 한다. 도로의 지목이 지적법상 도로여야 한다거나 도로대장 등재 여부, 도로 부분의 토지 소유권이 필수는 아니다. 현장에 가서 직접 땅을 보았을 때 다음의 4가지 경우가 있을 수 있다.

첫째, 지적도에 도로가 존재하고 실제로도 현황도로인 경우다. 이때는 실제 현황도로가 지적도상 도로와 일치하는가 확인해야 한다. 만약 다른 위치에 있다면 건축허가를 받기 위해서 지적도상 도로를 복원해야 한다. 지적도상 도로의 지목과 소유자를 확인하는 절차도 필요하다. 도로의 소유자가 개인이거나 사도라면 후일 토지사용료 문제가 생길 수 있기 때문에 사전에 조율해야 한다. 지적도상 문제가 없는 도로는 토지의 지적도상 지목이 도로이며 지적도에 경계가 표시되어 있어야 하고 소유자는 국가 또는 시·군이어야 한다. 또 도로의 폭이 4m 이상으로 건축법상 진입도로로 쓸 수 있어야 한다.

둘째, 지적도상에는 도로로 표시되어 있으나 실제는 논이나 밭 또는 임야 상태여서 현황도로가 없는 경우다. 이 경우에는 건축 허가 때까지 실제 도로를 복원할 수 있는가를 검토해야 한다. 도로에 주민이 경작하고 있다면 함부로 걷어낼 수 없으며 나무가 있다면 나무의 소유자가 옮기고 난 후 공사해야 한다.

셋째, 지적도상에는 도로 표시가 없는데 실제로는 오래전부터 마을 사람들과 경운기 등 차량이 다니는 현황도로인 경우다. 현황도로는 지적도에 나타나 있지 않고 지목이 전, 답, 잡종지, 임야, 구거 등으로 표시되며, 별도로 도로의 경계는 없으나 현재 도로로 사용되는 것을 말한다. 현황도로는 흔히 농로나 임도 혹은 제방과 포장 구거인 경우가 많다. 현황도로만 있고 지적도상 도로가 없다면 과연 이 도로를 이용해 집을 지을 수 있는가가 의문이다. 전혀 불가능한 것은 아니고 경우에 따라서 건축이 가능하다. 현황도로를 이용한 건축허가의 문제이므로 지방자치단체에 문의해 답을 구해야 한다.

넷째, 지적도상 도로도 없고 현황도로도 없어 완전히 길이 없는 맹지인 경우다. 이런 땅에는 건축허가가 나지 않으므로 진입도로를 개설해야만 건축할 수 있다.

#노모재산 #부동산처분금지

Q. 수년 전 아버지가 돌아가신 후 자식들은 상속을 포기하고 어머니에게 재산(집, 상가 1채)을 몰아줬습니다. 그런데 요즘 문제가 생겼습니다. 네 자녀 중 1명이 노모에게 상가를 담보로 대출을 받자고 조르는 모양입니다. 어머니의 상가를 넘보지 못하게 나머지 자녀들이 처분금지 가처분이나 가압류 등을 걸어놓을 수 있을까요?

가능하다. 법무사를 통하거나 직접 할 수도 있다. 다만 부동산 처분금지 가처분을 신청할 때는 비용이 든다. 주택은 공시지가로 하지 않고 건물가격 산정방식에 따라야 하기 때문에 주택의 용도와 건축연도, 대지의 공시지가 등을 알아야 계산할 수 있다. 기본 경비 산정방법은 다음과 같다. 주택가격을 계산한 후 적용하면 된다.

- 인지 1만 원
- 송달료 21,300원
- 증지 3천 원
- 필지당 등록세 채권금액×0.2%
- 교육세 등록세×20%
- 공탁보증보험 보험료율 0.151%

부동산처분금지 가처분 효력

채무자 소유인 부동산에 대해 가처분 결정이 났다면, 처분할 수 없는 게 아니라 그 처분이 저촉하는 범위 내에서 가처분 채권자에게 대항할 수 없는 것이다. 그러므로 부동산처분금지 가처분의 효력은 명령에 따라 집행이 이루어짐으로써 발생한다.

부동산처분금지 가처분은 원래 목적물에 대해 소유권이전이나 전세권, 임차권, 저당권 설정 등 채무자의 모든 처분 행위를 금지하는 것이다. 부동산처분금지 가처분은 등기된 부동산에 한해서 신청이 가능하다.

만약 채무자의 소유 부동산이 미등기 상태일 경우 채무자 명의로 등기가 가능하다는 것을 증명할 수 있는 서류, 해당 부동산의 주소, 구조 및 면적을 증명할 수 있는 서류를 가지고 신청 가능하다. 사용승인을 받지 못한 경우도 마찬가지다. 부동산처분금지 가처분 신청절차는 다음과 같다.

① 부동산처분금지 가처분 신청서 작성

신청서에는 당사자(대리인이 있는 경우 대리인 포함), 목적물의 가액, 피보전 권리 및 목적물 표시, 신청취지와 신청이유, 관할법원, 소명방법, 작성날짜 기재 후 기명날인이나 서명을 한다.

② 서류제출, 신청비용 납부

신청서 작성 후 신청서와 해당 서류(부동산목록 5부 이상), 별지목록에 대한 목적물가액 산출내역, 등기사항증명서, 권리증서, 법인등기부등본(법인의 경우)을 지참하고 가처분 신청에 대한 비용을 납부한다. 비용은 등록세 및 인지대, 송달료 등이다.

③ 담보제공 명령서 수령

사건번호를 받고 해당 법원에서 담보제공 명령이 떨어지면 공탁보증보험에 가입하거나 현금공탁을 진행한다.

④ 부동산처분금지 가처분 등기촉탁

공탁이 완료되면 부동산처분금지 가처분의 등기촉탁이 이루어진다. 그러나 부동산처분금지 가처분 결정을 받았더라도 부동산 자체의 처분불가가 완벽히 이루어지지는 않는다. 가처분이 결정된 부동산이더라도 처분, 임대, 가등기 설정은 가능하다. 그렇기 때문에 가처분이나 가압류에 대한 과정을 정확하게 이해해야 한다. 소송이나 가처분, 가압류의 신청절차 등이 두렵거나 막연하게 느껴진다면 관련 업체의 도움을 받는 것도 나쁘지 않다.

참고로 가처분은 3년이 지나면 가처분 해지신청이 가능하니 가처분 후 시효 3년 이전(기간 종료 전)에 다시 가압류를 권한다. 아니면 가등기(소유권이전등기 청구권)도 추천한다.

#토지경매 #농지투자 #투자목적을확실히

Q. 절대농지가 경매에 나왔습니다. 그러나 저는 직장인이고, 살고 있는 지역의 토지도 아닙니다. 경매에 나온 토지는 2필지인데 한 필지당 500평 정도 됩니다. 취득에 문제는 없을까요?

농지나 임야는 먼저 투자목적을 명확히 하고 이에 맞는 입지조건의 땅을 구입해야 한다. 특히 폭 4m 이상의 도로가 접해 있지 않으면 건축허가가 쉽게 나지 않으며, 도로를 새로 개설해야만 건축이 가능하다는 점을 유의해야 한다. 또 보전녹지지역, 그린벨트, 상수원보호구역, 군사시설보호구역 등 규제에 묶여 있는 땅이나 인근 마을에서 멀리 떨어져 있거나 농지에 둘러싸여 있는 땅은 건축허가를 쉽게 받을 수 없다. 투자 전 반드시 현장답사를 해야 하는 이유다.

아울러 농민이 아니라면 최소 303평 이상의 농지를 구입해야 농지취득자격증명이 발급된다. 303평 이하의 농지는 주말농장용으로 농지취득자격증명 없이 취득이 가능하나 303평 이상은 부동산 낙찰 후 7일 이내에 해당 경매법원에 농지취득자격증명을 제출해야 낙찰 허가를 받을 수 있다. 입찰 전에 이장이나 농지관리위원을 만나 발급 여부를 확인해두는 게 좋다.

정리하자면, 토지 거래 전 농지취득자격증명 발급 여부, 장래 개발 가능성 조사 및 전망, 도로 접촉 여부 등을 반드시 확인한다. 토지는 거래가 쉽지 않고 장기 투자를 염두에 두어야 하기 때문이다. 그러나 경매 중 잘만 선택하면 토지만 한 투자처는 없다.

#무허가건물 #나대지 #과태료

Q. 집을 지으려고 농촌지역의 나대지를 구입했습니다. 건축물 등기가 되지 않은 건물 4채로 그중 3채는 슬레이트 지붕 건물

이고, 1채는 벽돌로 지은 창고형 건물입니다. 슬레이트 지붕 건물 3채는 철거하고 벽돌 건물은 그대로 창고 용도로 쓰려고 합니다. 새집 인허가 시 문제가 될까요?

무허가건물은 철거해야 신축이 허가된다. 땅을 구입할 때 있던 무허가건물이라고 해도 관할시에 신고 시 철거 및 원상복구 명령이 내려진다. 당연히 철거비용은 받을 수 없고, 미이행 시 이행강제금이 부과된다. 이행강제금, 즉 과태료는 위치, 공시지가, 면적 등을 알아야 추측할 수 있다. 하지만 위의 경우 철거하고 신축하는 것이 답이다. 창고를 보수한다고 해도 허가는 나오지 않고, 민원이 들어가면 오히려 과태료가 나온다. 꼭 철거해야 한다.

#경매 #건물처리 #법정지상권

Q. "본 건은 대지만의 매각이며, 건물은 제3자 소유이므로"라고
　　나오는 물건은 어떻게 해결 가능한가요?

대지만 매각 시 먼저 그 토지 위에 있는 건물은 법정지상권이나 관습법상 지상권 성립 유무에 따라, 건물 처리방향이 달라진다. 먼저 토지주와 건물주가 동일인이고, 토지주가 지은 집이라면 이 건물은 원시 취득자의 소유에 해당하므로 설령 미등기 건물이

라고 해도 법정지상권이 성립한다. 견고한 건물의 경우 30년간 법정지상권이 성립되므로 이 기간은 지료만 받을 수 있다.

그러나 이전에 단 한 번도 건물주와 토지주가 같지 않았고 현재도 건물주가 토지주와 다른 사람이라면, 설령 건물주가 토지주의 허락을 받아 건축했다 해도 법정지상권이 성립하지 않는다. 건물철거와 토지인도 및 지료청구 소송을 통해 해결하면 된다. 이 경우 건물철거까지 지료를 부담케 하는 간접강제를 병행하면 좋다. 그리고 건물철거 판결이 난 후에 협의를 통해 일정액을 주고 건물을 인수하든가, 상대의 저항이 거세다면 대체집행으로 건물철거를 할 수도 있다. 물론 대체집행비는 상대방이 부담한다. 또한 협상으로 건물을 인수하는 방법이나 토지를 매도하는 협상을 해도 된다. 참고로 법정지상권이 성립되더라도 지료를 2년 이상 미납한다면 법정지상권을 실효토록 임대차계약 해지를 통보후 건물철거를 진행할 수 있다. 이때 법정지상권은 물론 차지권(민법 제622조, 제643조)도 불허된다.

#토지거래 #공시지가 #과세기준

Q. 토지거래 공시지가란 무엇입니까? 토지거래 공시지가가 475만 5,200원이라면 154.2m²는 얼마 정도에 거래하는 것이 맞는 것인가요?

공시지가란 그 토지의 기준가격을 말한다. 이 가격은 모든 세금의 과세기준이 되기도 한다. 공시지가는 1m²당 지가로서, 이것을 면적과 곱하면 토지 기준시가가 나온다. 그런데 시세는 지형이나 토지여건에 따라 천차만별이다. 공시지가보다 저렴한 토지도 있고 공시지가보다 10여 배 이상 비싼 곳도 있다. 그러나 시골 토지는 대부분 시세가 공시지가의 3배 정도 한다. 시세는 토지의 지번을 알면 대략 판단할 수 있다. 가장 손쉬운 방법은 인근 공인중개사나 부동산을 통해 파악하는 것이다. 그리고 해당 토지와 유사한 지역의 매도가격과 구입가격을 문의하면 짐작할 수 있다.

표준공시지가는 국토교통부 장관이 조사·평가해 공시한 표준지의 매년 1월 1일 기준의 단위면적당(원/m²) 가격이다. 토지 이용상황이나 주변 환경조건이 유사하다고 인정되는 대표적인 토지 50만 필지를 선정해 적정가격을 산정한다. 표준지공시지가는 감정평가사에게 조사평가를 의뢰해 토지소유자와 시·군·구의 의견을 듣고, 시·군·구 토지평가위원회와 중앙토지평가위원회 등의 심의를 거쳐 공시한다. 표준지공시지가는 전국 3,004만 필지의 개별공시지가 사정과 보상평가 등의 기준이 되며, 양도소득세나 보유세 등 세금과 각종 분담금의 부과기준으로 활용된다. 개별공시지가는 국토교통부 장관이 결정해 고시한 표준지공시지가를 기준으로 시장·군수·구청장이 산정한 단위면적당 가격을 말한다. 개별공시지가는 양도소득세, 상속세, 종합부동산세, 취득세, 등록세 등 국세와 지방세는 물론 개발부담금, 농지전용부담금 등을 산정하는 기초자료로 활용된다.

#도로보상 #잔여지수용 #감정평가

Q. 함양~울산 고속도로 부지에 제가 농사를 짓는 논(지목 답)이 편입되어, 현재 감정평가 중입니다. 1차 평가 시 위치가 좋지 않고 물길이 없어 농사를 못 짓는 인근의 토지(대추나무가 심어져 있으나 미관리)가 관리지역이라는 이유로 더 높은 보상금을 받았다고 합니다. 제 논은 주도로 바로 옆 농림지역이라 더 보상받아야 한다고 생각하는데, 방법이 없을까요?

도로보상은 감정평가법인 2곳의 감정평가를 토대로 이루어진다. 지목, 토지이용도, 형상, 유형 등과 발전가능성, 주위 토지가격, 기타요인을 참고로 하는 평가방식이다. 보통 대지나 나대지를 높게 치고, 농림지역보다는 관리지역을 높게 평가한다. 감정평가상 지목에 따라서는 전, 답, 임야 순으로 그 가치를 높게 평가한다. 토지수용에 따른 보상은 감정평가를 통해 공시지가와 실거래가 사이에서 보상금이 책정되는데, 대부분 실거래가보다 상당히 낮게 책정된다. 그러하기에 대부분 이의신청 등을 통해 보상금을 높이는 방법을 택한다.

참고로 도로보상을 할 때 도로의 1/3 가격으로 보상하는 사례가 많다. 그러나 이는 잘못된 감정평가 방식이다. 토지감정평가는 도로로 사용되기 전 토지상태를 기준으로 평가되어야 한다. 그러나 사실상 도로로 사용되었던 토지는 도로로 보아 평가해야 한다. 이러한 사실을 알지 못해 손해를 보는 토지소유자가 많으니 유의하자. 만약 이미 감정평가에서 도로로 평가 후 보상을 받았더라도 이에 관한 행정소송 시 승소할 확률이 높으며 미불용지에 대한 부당이득금으로 청구 가능하다(예산회계법 제96조). 또한 일부 쓸모없는 잔여지가 발생한다면 잔여지도 수용해달라고 주장할 수 있다.

#감정평가 #토지수용이의신청절차

Q. 감정평가 시 용도지역과 같은 모든 조건이 같다고 가정할 경우 도로와 임야 중 어느 것이 보상금액 산정에 더 큰 영향을 미치는지 궁금합니다.

질의 내용 중 도로부지보다는 당연히 임야가 보상금에서 더 유리하다. 도로로 현황평가 시 1/3 가격으로 평가하기 때문이다. 토지수용 이의신청 절차는 다음 페이지 표를 참고하라.

토지수용 이의신청 절차

재결신청(사업시행자)

↓

신청서 접수(중앙토지수용위원회)

↓

공고·열람(시·군·구)

· 재결신청서를 시·군·구에 송부해 공고·열람 의뢰
· 14일간 공고, 소유자 등에게 개별통지
· 소유자 등의 의견청취

↓

의견검토 및 사실조사

· 소유자 및 사업시행자가 제출한 의견 검토
· 사실관계 확인

↓

감정평가 의뢰 및 보상액 산정

· 2개 감정평가기관에서 평가
· 감정평가 결과를 토대로 보상액 산정

↓

수용재결

· 재결서 작성
· 위원회 심의·재결

↓

재결서 송달

· 특별송달의 방법으로 송부
· 송달을 받은 자를 알 수 없거나 송달을 받을 자의 주소, 거소 등을 알 수 없는 경우에는 토지소재지 관할 시·군·구에 재결서를 송부해 14일간 게시

행정소송 제기(재결서를 받은 날로부터 90일 이내 소유자가 제기)

이의신청(재결서를 받은 날로부터 30일 이내 소유자가 신청)

↓

감정평가 의뢰 및 보상액 산정

↓

이의재결

↓

재결서 송달

↓

행정소송 제기(재결서를 받은 날로부터 60일 이내 소유자가 제기)

#불법점유 #보상 #청구권

Q. 상속받은 하천부지에 누군가 제 허락 없이 평탄작업과 사과 나무를 심어 농사를 짓고 있습니다. 농사를 지은 지는 4~5년 정도 되는 것 같은데, 땅 주인인 저는 어떤 법적 조치를 취해야 될까요? 원상복구나 사과나무를 이식하라고 요구한 뒤, 무단으로 농사지은 것에 대해 보상받고 싶습니다.

수목을 식재한 사람을 찾아 타협으로 해결하는 것이 가장 좋다. 우선 내용증명을 두 차례 정도 보내 이식을 요청하기 바란다. 이것이 여의치 않을 때는 법적으로 해결해야 한다. 과수묘목 수거 및 토지인도와 지료청구가 가능하다. 참고로 타인의 토지에 임의로 나무를 식재한 경우 법정지상권은 성립하지 않는다.

「민법」제213조, 제214조에 따르면 소유물 반환 청구권과 소유물 방해제거 청구권이 있다. 다만 이 청구권을 행사하기 위해서는 몇 가지 요건이 충족되어야 한다. 여기서 말하는 청구권자는 법적인 의미의 소유자이고, 청구권의 상대방은 현재 그 물건을 점유하고 있는 사람이다.

소유물 반환관계에 부수되는 이해조정, 즉 '점유자와 회복자(소유자)' 관계(점유기간 동안 과실의 귀속, 멸실, 훼손 등에 대한 책임 및 점유자가 지출한 비용의 상환)에는 「민법」제201조, 제203조가 적용된다. 더 알아보자.

「민법」 제201조는 점유물(상속받은 하천부지)이 점유자의 책임 있는 사유로 인해 멸실 또는 훼손한 때는 악의(남의 임야임을 아는 것)의 점유자는 그 손해의 전부를 배상해야 하며 선의(자기 땅인 줄 아는 것)의 점유자는 이익이 현존하는 한도에서 배상해야 한다.

「민법」 제203조는 점유자가 점유물을 반환할 때는 회복자(소유자)에 대해 점유물을 보존하기 위해 지출한 금액 기타 필요비의 상환을 청구할 수 있다. 그러나 점유자가 과실을 취득한 경우에는 그러하지 않는다. 점유자가 점유물을 개량하기 위해 지출한 금액 기타 유익비에 관해서는 그 가액의 증가가 현존한 경우에 한해 회복자의 선택에 따라 그 지출금액이나 증가액의 상환을 청구할 수 있다고 되어 있다. 제203조를 해석해보면 비록 악의로 점유했더라도 그 임야에 도움이 되는 어떤 행위를 한 경우에는 회복자가 그에 대한 대가를 지불해야 한다는 것이 요지다.

#개인땅불법도로 #사용료

Q. 최근 경매받은 땅을 측량했는데 옆 공장에서 사용하는 도로가 제 땅임을 알게 되었습니다. 측량 전에 공장 측에서 도로를 이용하지 못하게 해서 타설작업에 어려움이 있었기에 더 괘씸합니다. 도로를 없애거나 도로에 출입문을 만들어 통제할 수 있을까요?

개인 토지에 임의로 개설된 도로가 만일 포장되어 있다면 (지방)국토관리청에 포장철거를 요구하면 된다. 만일 이 도로가 유일한 도로이고 주위 토지통행권이 성립한다 해도, 도로의 이용자는 지료 및 부당이득을 부담해야 한다(민법 제219조제2항). 부당이득은 10년치 청구가 가능하다.

주위 토지통행권이 성립하지 않거나 유일한 도로가 아니라면 도로를 폐쇄할 수도 있다. 다만 유일한 도로라면 통행방해죄가 우려되니 사람이 통과할 수 있는 통로는 유지해야 한다. 참고로 개인 토지는 국가라도 강제취득은 인정되지 않는다.

#경매 #중복사건 #공동담보

Q. 보고 있는 경매물건에 중복사건, 공동담보라 적혀 있는데, 이런 물건의 아파트는 피하는 게 좋은가요? 입찰받기가 어려울까요?

중복사건이나 공동담보는 아무런 문제가 되지 않는다. 다른 경매물건과 똑같다고 생각하면 된다. 공동담보는 다른 물건도 같이 담보한 경우고, 중복사건은 동일 물건이 다른 사건번호로도 진행되는 것을 말한다. 중복경매의 목적은 무잉여로 인해 경매기각이 되지 않게 하기 위해서다. 중복경매 사건이라고 하면 대

체로 채권자가 경매를 신청한 사건에 선순위 설정자가 또다시 경
매신청을 하는 경우를 일컫는다. 무잉여로 인한 경매의 기각을
방지할 수가 있는 경매사건 또는 다른 채권자의 경매신청으로 이
중의 경매신청이 된 사건이다. 인수사항은 등기부가 아닌 전입
세대열람이나 매각물건명세서를 확인해야 한다. 낙찰받으면 모
두 종료되는 거다.

중복사건이나 공동담보를 피할 이유는 없다. 권리분석이나 명
도관련사항, 인수사항 등을 꼼꼼히 확인 후 입찰하면 된다.

#지상권주택 #강제철거

Q. 제가 상속받은 토지에 두 가구가 20년 이상 미등기로 거주하
고 있습니다. 3년 전에 자진이사를 권장했지만, 이사비용을
터무니없이 많이 요구합니다. 두 가구는 토지소유주에게 알
림 없이 전 주택소유주와의 거래 후에 임대료를 내며 살게 되
었다고 합니다. 3년 전부터는 그 임대료마저도 받지 않고 있
습니다. 이 경우 어떻게 해야 할까요?

법적 절차를 밟기 전 협의가 최선이다. 내용증명 등을 보내 압
박하며 협상을 요구한다. 소송은 최후의 수단이다. 만약 소송한
다면 건물철거와 토지인도 및 지료청구 소송을 하면 된다. 지료

미지급기간에 대한 부당이득도 신청할 수 있다. 건물철거 외 지료청구 소송 시 1년 반에서 2년 정도 걸림을 알아둬야 한다.

자진철거 시 문제점은 없으나, 채권자가 철거를 진행한다면 수권결정 시 대체집행 결정문에 대체집행 시 작위실시자를 집행관이 아닌 채권자가 지정하는 사람이나 채무자가 진행할 수 있도록 하는 수권명령을 받아야만 한다. 채권자가 철거하려면 특성상 채권자가 철거에 적합하고, 채무자가 재판에 졌고, 철거 시 저항이 없을 것이라는 청구취지를 잘 써야 인용된다. 마찰을 우려해 채권자의 철거진행을 승인하지 않는 판사도 있기 때문이다. 대체집행비는 패소자에게 받을 수 있으나 애초에 비용을 지불하지 않으면 집행이 불가하다.

결론적으로 채권자가 지정하는 사람이 철거를 진행하려면 이에 대한 수권결정을 받아야 하고, 강제집행 절차에 따라야 한다. 판결문에 법원 집행관으로 하여금 집행토록 한다는 판결을 받았다면, 대체집행 신청 시 결정문에 작위실시자를 채권자가 지정하는 사람으로 받아야만 한다.

덧붙여 건물철거 판결은 꼭 특정화되어 있어야 하며 만일 건물에 거주자가 있다면 인도(명도)명령에 따른 판결이 있어야 하고 이 내용이 판결주문에 없다면 따로 명도하라는 명령, 즉 권원(權原)을 받아야 한다.

이사비용은 정해져 있지 않다. 주택이나 아파트 명도 시 법 집행절차를 따르는 사람도 있으나 보통 200만~500만 원 정도를 준다. 분묘 이장의 경우(분묘기지권 성립 시) 통상 500만~1,500만 원을 지급한다.

#경매 #제시외건물 #주물종물

Q. 경매 물건은 토지와 단독주택으로 구성되어 있는데, 제시외건물로 판넬 보일러실이 있습니다. 경락 후 제시외건물은 어떻게 되는 것인가요? 주물 종물 이론에 의거해 주물을 취득하면 종물은 따라오나요?

제시외건물이 감정평가대상에 포함되어 있다면 낙찰자가 그에 대한 소유권도 취득하는 것이 원칙이다. 제시외건물이 매각목적물의 부합물이나, 종물이 아닌 별개의 독립적인 건물이거나 타인 소유의 건물이라면 낙찰자는 소유권을 취득할 수 없다. 이러한 경우 낙찰자는 제시외건물은 건물 소유자와 별도로 매수협의를 하거나 지료를 청구해야 한다. 그러나 감정목적물에 포함되어 있다면 대부분 부합물이나 종물로 취급되어 낙찰자가 매각목적물인 주물과 함께 소유권을 취득한다.

부속건물은 주건물과 독립된 건축물이나 부속용도로 사용되는 건축물로 창고, 화장실, 보일러실 등을 들 수 있다. 이러한 부속건물은 건축물대장에는 올라 있더라도 건물등기가 되어 있지 않은 경우가 많다. 등기되지 않은 건축물을 미등기 건물이라 하는데, 미등기 건물은 소유권을 확인하는 데 애로사항이 있다.

'제시외건물 포함'은 등기상 미등기 건물이되, 현장을 답사한 결과 경매대상 부동산에 포함된 부속건물이고 소유자의 확인을 거쳐 함께 경매할 수 있는 경우다. 그 건물을 포함해 감정평가했고, 경매진행 시 낙찰자는 미등기 건물의 소유권도 함께 취득한다는 것이다. 즉, 경매에서 '제시외건물 있음'은 해당 토지에 경매로 소유권이 취득되지 않는 미등기 건물이 있다는 뜻이고, '제시외건물 포함'은 미등기 건물이 있지만 경매로 그 건물의 소유권이 변동된다는 뜻이다.

#공유자매수청구 #경매

Q. 최고가 낙찰자 호명과 가격을 알고 공유자 우선매수청구를 해도 되나요? 공유자가 우선매수청구의 기회를 부여받아 청구하려고 할 때 최고 매수가격이 너무 높다면 우선매수청구의 의미가 없을 수도 있어서 가격을 알고 우선 매수할 수 있는지 알고 싶습니다.

법원에 가서 우선매수청구를 먼저 신청하지 말고, 최고가 낙찰자 호명과 공유자 우선매수신청을 고지할 때 신청하는 것이 좋다. 그래야 적절한 가격에 입찰할 수 있다. 공유자 우선매수는 경매절차에 참석해 해당 사건에 입찰자가 있다면 그 사건의 최고가 매수신고인을 부를 때 우선매수를 신청하는 것이 처음 감정가에서 가격이 떨어진 상태로 매수할 수 있기 때문이다. 가장 이상적이다. 즉, 그 사건의 최고가 매수신고인을 누구라고 부를 때 공유자 우선매수 신청을 하면 된다. 경매절차에 참석할 때는 신분증과 보증금, 등기부등본을 지참하면 된다.

#자가등기 #셀프등기 #관할등기소

Q. 자가등기 시 그 지역 구청이나 등기소에 꼭 가야 하나요? 제가 사는 곳에서는 안 되나요?

상속이전등기는 반드시 물건지 관할등기소에 접수해야 한다. 등기신청 후 바로 소유권이전등기가 기재되어 등기부등본에 기재되지 않는다. 서류 미비 등의 문제가 없는 한 상속등기 신청 후 3~4일이면 처리된다. 현재 거주지에서 다른 지역의 부동산등기를 신청한다면 등기되지 않는다.

자가등기 서류와 절차를 알아보자.

매도인 준비서류

1. 등기권리증

2. 매도용 인감증명서(매수인의 인적사항 기재-공동명의일 경우 매수명의인

　모두 기재)

3. 주민등록초본(3개월 이내, 주소이력 포함)

4. 인감도장이 날인된 위임장

매수인 준비서류

1. 매매계약서 원본 1부(등기소 제출용), 사본 1부(시청·구청 세무과 제출용)

2. 주민등록등본

3. 소유권이전등기 신청서

4. 위임장(매도인 인감날인)

5. 부동산거래신고필증 원본 1부, 사본 1부(취득세고지서 발부용)

6. 취득세 납입영수증(시청·구청 세무과에서 발급)

7. 토지대장(집합건물의 경우 대지권등록부 포함), 건축물대장 각 1부

* 3번과 4번 서식은 대법원인터넷등기소(www.iros.go.kr)에서 다운

　받을 수 있다.

　보통 잔금을 모두 치르고 나면 매수인 혼자 등기를 하러 가는
데 이때 매도인의 위임장이 필요하다. 매도인 준비서류와 매수
인 준비서류, 부동산거래신고필증 및 매매계약서 사본을 지참해

세무과에서 취득세고지서 발급 후 구청이나 등기소에 있는 은행에 납부한다. 구청민원실에서 토지대장, 건축물대장을 발급받는다. 시·군·구청에 있는 은행에 방문해 국민주택채권 매입신청서를 작성해 즉시 매도한다. 수입인지(매매계약서 뒤쪽에 붙임)와 법원중지(소유권이전등기 신청서 두 번째 장 하단 중지 첨부란에 붙임)가 필요하다.

다음은 등기소로 간다. 신청서, 취득세영수필확인서, 등기수입증지, 위임장, 인감증명서, 주민등록등본(초본), 대장등본, 매매계약서, 부동산거래계약신고필증, 매매목록, 등기필증 순서로 서류를 준비한다. 등기과 민원안내담당자에게 준비한 서류를 보여주고 추가로 필요한 사항을 보완해 제출하면 된다.

#건축물대장 #건물등기부등본 #보존등기

Q. 구건축물대장에 주택 13평 신축(2평 점포)과 신건축물대장 13평이 동일합니다. 그런데 건물등기부등본에는 11평만 기재되어 있습니다. 이번에 철거하고 멸실신고를 하려는데 등기소에서 면적이 다르다고 신청서를 각하시킵니다. 어떻게 해야 할까요?

건축물관리대장과 등기부등본에 기재된 내용이 다를 수 있다. 이 경우 권리관계는 등기부등본을 기초로 하고, 부동산의 표시는 토지대장과 건축물관리대장을 기초로 한다. 권리관계와 부동산 표시는 차이가 있으니 등기부를 잘 살펴봐야 한다.

등기부등본과 토지대장(혹은 건축물대장)의 소유자가 다를 경우에는 토지대장(건축물대장)의 내용을 등기부등본에 있는 대로 바로잡게 되며, 등기부등본과 토지대장(건축물대장)의 면적 등이 다를 경우에는 토지대장(건축물대장)에 기재된 대로 등기부등본을 바로잡게 된다.

이는 법무사를 통해 처리하거나 직접 처리해도 된다. 절차도 아주 간단하다. 보존등기의 서류와 절차를 알아보자. 준비서류는 ① 주민등록초본 ② 도장 ③ 건축물관리대장 및 토지대장 ④ 인감도장이 날인된 위임장이다. 먼저 관할시·군·구청에 방문한다. 세무과에서 취득세 고지서를 발급한 후 구청이나 등기소에 있는 은행에서 납부한다. 그다음 구청민원실에서 토지대장, 건축물대장 발급받는다. 법원증지는 소유권이전등기 신청서 두 번째 장 하단의 증지 첨부란에 붙인다. 다음 등기소로 간다. 신청서, 취득세영수필확인서, 위임장, 인감증명서, 주민등록등본(초본), 토지대장, 건축물관리대장 순서로 서류를 준비해 등기과 민원안내담당자에게 제출하면 된다. 담당자가 요청하는 추가사항은 보완해 완료한다.

#사유지불법사용 #미불용지 #부당이득

Q. 개인 사유지에 아스팔트 포장이 되어 있습니다. 어떻게 해야
할까요?

　우선 관할시청에 미불용지인지, 보상금이 공탁되어 있는지 확
인하라. 개인 땅이라 해도 도로고시 등이 있었다면 절차를 밟은
것으로 의제가 되어 국가의 강제수용이 가능하다. 만일 미불용지
라면 민원을 제기한다. 민원을 제기해도 예산이 부족하다며 보상
을 미루는 경우가 있는데, 소송으로 대응할 수 있으며 미지급 시
강제집행된다.

　참고로 국가라도 토지의 강제취득이 불인정되며, 보도블록 설
치부터 점유 개시로 본다. 이 또한 부당이득 대상이다. 부당이득
은 민법상 10년 치 청구가 가능하나, 도로부지의 경우는「경제법」
에 따라 과거 5년까지만 청구할 수 있다. 감정평가는 수용 당시를
기준으로 한다.

#법정지상권 #처리노하우 #부당이득청구

Q. 법정지상권 없는 시설물은 어떻게 처리해야 하나요?

　법정지상권이 성립하지 않는 건물이라면 토지소유자가 철거

할 수 있다. 건물철거 및 지료청구와 토지인도를 구하고, 필요하다면 10년 치 부당이득도 청구할 수 있다. 소송 시 건물철거 전까지 지료를 받는 간접강제를 병행하고, 건물철거는 상대방의 비용으로 하는 대체집행을 하면 된다. 업자를 통해 철거하는 것과 집행관 사무실을 통해 철거하는 것은 비용에서 2배 이상 차이가 난다. 철거 판결이 나면 법원이 지정하는 집행관으로 하여금 철거하도록 인용된다.

자진철거한다면 문제가 없으나, 채권자가 철거해야 한다면 대체집행 결정문에 대체집행 시 작위실시자를 집행관이 아닌 채권자가 지정하는 사람이나 채무자가 진행할 수 있도록 하는 수권명령을 받아야만 한다. 그러려면 이 철거는 특성상 채권자가 철거에 적합하고, 채무자가 재판에 졌고, 철거 시 저항이 없을 것이라는 등의 청구취지를 잘 써야 인용된다. 철거 시 마찰을 우려해 이를 잘 승인하지 않는 판사도 있기 때문이다. 참고로 대체집행비는 패소자에게 받을 수 있으나 패소자가 빈털털이라면 집행할 수 없다.

결론적으로 채권자가 지정하는 사람이 진행하려면 이에 대한 수권결정을 받아야 하고, 집행절차는 강제집행 절차에 따라야 한다. 판결문에 법원 집행관으로 하여금 집행토록 한다는 판결을 받았다면 대체집행 신청 시 결정문에서 작위실시자를 채권자가 지정하는 사람으로 꼭 받도록 하자.

#법정지상권 성립 여부 #제시외건물

Q. 다음 2015타경576의 경우 법정지상권이 성립하는지 궁금합니다. 또 법정지상권 건물이 있는 토지가 경매로 나왔을 때 낙찰자가 임차인의 보증금을 물어줘야 하는지요. 임차인은 '보증금 미상 전입일'만 있고 '확정일 미상 배당요구 없음'인 경우입니다.

법정지상권 성립 여부부터 검토해보자. 제시외건물은 매각제외나 감정가에 포함되어 있으므로 원칙적으로 제시외건물의 소유권을 취득한다. 세대 확인, 가족 여부, 거주 여부도 확인해야 한다. 건물은 매각에서 제외되었으나 실제 감정가에는 포함되었다. 감정가에 포함되었다면 낙찰자는 건물의 소유권을 취득한다. 제시외건물은 감정평가 시 감정가에는 포함했으나 경매목적물에서 제외된다. 무허가건물 내지는 등기가 안 된 건물이기에 경매목적물이 될 수 없기 때문이다.

저당권 설정 전 토지주가 지은 집이라면 원시취득자에 해당해 관습법상 법정지상권이 성립한다. 미등기라도 마찬가지다. 만일에 저당권 설정이나 압류 후 건물을 신축했다면 법정지상권은 인정되지 않는다. 하지만 건물이 매각대상에서 제외되었다면 제시외건물로서 임차인의 대항력 여부를 따질 필요가 없다. 토지낙찰자가 임차인의 보증금을 물어주지 않아도 된다.

☎ 1661-9910

2015 타경 576   수원지방법원 여주6계

담당계 (031) 880-7450

소재지	경기 이천시 호법면 주미리 440-1 외 1개 목록				
물건종류	대지	사건접수	2015.01.12	경매구분	임의경매
건물면적	0m²	소유자		감정가	93,200,000원
대지권	694m² (209.94평)	채무자	외 1명	최저가	(49%) 45,668,000원
매각물건	토지전부	채권자		입찰보증금	(10%) 4,566,800원

입찰 진행 내용

구분	입찰기일	최저매각가격	상태
1차	2016-02-03	93,200,000	유찰
2차	2016-03-16	65,240,000	유찰
3차	2016-04-20	45,668,000	낙찰

낙찰 57,000,000원 (61%)
(응찰 : 3명 / 낙찰자 : 심경숙)
매각결정기일 : 2016.04.27 - 매각허가결정
대금지급기한 : 2016.06.07
대금납부 : 2016.06.01 / 배당기일 : 2016.06.29
배당종결 : 2016.06.29

물건 사진

매각 물건 현황   감정원 바오감정 가격시점 2015.02.03

목록	지번/토지이용계획/용도/구조/면적	감정가	비고
토지	주미리 440-1 대지 585m² (176.96평) [토지이용계획] 계획관리지역	가축사육제한구역	자연보전권역	배출시설설치제한지역	수질보전특별대책지역	87,750,000 150,000(원/m²)	[매각제외] : 주택 28.5 (10,545,000) 주택일부 27 (6,750,000) 보일러실 2.6 (234,000) 변소 3 (300,000) =법정지상권성립여부불분명
	주미리 440-6 대지 109m² (32.97평) [토지이용계획] 계획관리지역	가축사육제한구역	자연보전권역	배출시설설치제한지역	수질보전특별대책지역	5,450,000 50,000(원/m²)	
현황위치	**[토지]** 경기도 이천시 호법면 주미리 소재 주미마을내에 위치하며,본건 주변은 농가주택, 농경지 등이 소재한 순수 농촌지대로서 주위환경은 보통시됨. 본건까지 차량접근 가능하고, 인근에 노선버스정류장이 위치하고 있으나, 정류장까지의거리 및 운행빈도와 공익 및 편익시설에의 접근성 등으로 보아 제반 교통사정은 불편시됨. 공히 부정형 평지 토지로서, 접면도로 및 인접토지와 대체로 등고평탄시되며,기호(1): 단독주택 및 일부 전,기호(2): 도로 및 일부 잡종지로 이용중임.		
비고	• 일괄매각. 목록1.-지상에 매각에서 제외되는 제시외건물 있음(법정지상권 성립 여부 불분명함).		

임차인 현황   말소기준권리일 2012-01-19 소액임차기준일 2012-01-19 배당요구종기일 2015-04-20

임차인/대항력		점유부분	전입/확정/배당	보증금/월세	예상배당액 예상인수액	비고
심경숙	없음		전입 : 1975-08-06 확정 : - 배당 : -		배당액 : 미상 미배당 : 미상 인수액 : 없음	매각제외 건물의 임차인
홍재분	없음		전입 : 1992-03-23 확정 : - 배당 : -		배당액 : 미상 미배당 : 미상 인수액 : 없음	매각제외 건물의 임차인
비고		• 제 3 자점유				

등기부 현황(토지) 채권액 합계 124,075,536 열람일자 2016.01.19

접수번호	등기목적	권리자	채권금액	기타등기사항	소멸여부
1983.09.01 (16066)	소유권이전			매매(1983.08.22)	
2012.01.19 (3568)	근저당권	세람상호저축은행	26,000,000	**말소기준권리**	소멸
2012.01.19 (3569)	지상권	세람상호저축은행		만30년	소멸
2012.09.19 (45731)	근저당권		30,000,000		소멸
2013.05.30 (23050)	소유가등				소멸
2013.07.09 (30542)	가압류	서울보증보험	50,000,000	서울중앙지방법원 2013카단 53674	소멸
2014.05.13 (20320)	압류	국민건강보험공단			소멸
2015.01.13 (1483)	임의경매		청구금액 30,000,000	2015타경576	소멸
2015.02.02 (4712)	가압류	세람상호저축은행	18,075,536		소멸
2015.04.21 (19416)	임의경매	세람상호저축은행		2015타경6215	소멸

인근 지역 정보

동일 단지 진행 물건　동일 단지 낙찰 물건　인근 진행 물건　인근 물건 매각 사례　인근 예정물건　인근 공매물건

• 동일 단지 진행 물건

구분	사건번호	인근물건	입찰일	감정액	최저가
		결과가 없습니다.			

• 본 정보는 대법원경매정보 및 감정평가서 기타 공부상의 내용을 기초로하여 제공되는 정보입니다. 경매정보 내용상 예측할 수 없는 내용이 생길 수 있으며, 입력착오 및 기타내용의 변경으로 사실과 다를 수 있습니다.
• 본 정보는 참고자료로 이용하시고 정확한 정보는 경매 당일 해당 법원을 통해 열람되는 기록을 반드시 확인하시어 피해없으시기 바랍니다.

#점유취득시효 #임대차

Q. 점유취득시효에 대해 재산세 납부 관련 서류만 가지고 있어도 안전할까요? 점유취득시효 성립 여부도 궁금합니다.

저는 서울에 거주하고 있고 충북 영동군 지역에 토지를 255평 소유하고 있습니다. 토지의 총 크기는 510평 정도인데 친척 한 명과 제가 각각 1/2씩 소유하고 있고 등기부등본 상에도 저와 그 사람의 이름이 동시에 소유권자로 등기되어 있습니다. 현재 이 땅은 제 아버지 무덤으로 사용 중인데, 묘비를 세우고 남는 면적을 또 다른 친척이 사용하게 허락해줬습니다. 그 사람은 이 땅에서 현재 농사를 짓고 있습니다. 하지만 임대차계약이나 별다른 계약은 일체하지 않은 상태로,

아무런 대가 없이 10~12년 이상 사용해왔습니다.

재산세는 제 앞으로 날라와 여태까지 제가 납부해왔습니다. 재산세 고지서나 영수증을 챙겨놓지는 못하다가 한 해 전부터 납부한 고지서와 영수증을 가지고 있는 상태입니다. 만약 현재 상태를 방치해 그대로 20년이 흐른다고 가정했을 때, 현재 토지를 사용 중인 친척이 소유권을 주장한다면 빼앗길 가능성이 있는지 알고 싶습니다.

지금부터라도 재산세 납부 영수증을 모아서 계속 가지고 있으면 이것이 안전장치가 될 수 있는 것인지, 등기부등본상에 제가 소유권자로 올라가 있기만 하면 안전한 것인지 궁금합니다. 임대차계약을 하면 제일 좋겠지만 임대차계약서를 써달라고 하기 애매합니다. 가능하면 다른 방법을 찾고 있습니다. 땅을 관리하기 힘들고 신경 쓰기 싫다면 3월에 매실나무나 호두나무, 엄나무, 두릅나무, 감나무 등 묘목을 식재해놓거나 돼지감자를 심으면 모두 다년생 작물이므로 관리를 안 해도 좋다고 들었는데, 어떻게 어떤 식으로 좋다는 것인지 구체적으로 알려주세요.

점유시효취득은 소유의 의사로 20년간 자주점유(소유의 의사를 가지고서 하는 점유)한 경우다. 상대방이 10~12년 정도 사용해왔다면 시효취득 요건도 안 된다. 대법원은 "자주점유란, 물건을 마치 소유자인 것처럼 지배하려는 자연적인 의사를 가지고 하는 점유를 의미하는 것이지, 법률상 그러한 지배를 할 수 있는 권원, 즉 소유권을 가지고 있거나 또는 소유권이 있다고 믿고서 하는 점유를 말하는 것이 아니다."라고 판시하고 있다(대법원 1996. 10. 11. 선고 96다23719 판결).

그러나 만일의 경우를 대비해 임대차나 사용대차(지료 없이 사용하는 계약서)를 하는 것이 좋다. 그리고 재산세 영수증은 꼭 보관해야 상대방의 자주점유가 인정되지 않는다.

소유권의 소득시효 요건은 다음과 같다. 첫째, 소유의 의사로서 점유하고 있으며 자주점유이어야 한다. 둘째, 그 점유가 평온·공연히 행해져야 한다. 셋째, 그 점유가 일정기간 계속되어야 한다. 그 기간은 부동산일 경우 점유자가 소유자로 등기가 되어 있지 않으면 20년이며, 시효완료 시 등기로써 소유권을 취득한다. 점유자가 소유자로 등기가 되어 있으면 10년 후 소유권을 취득한다(민법 제245조). 점유의 이유가 선의·무과실이라면 10년, 그렇지 않다면 20년이다. 동산의 경우에는 점유가 선의·무과실인 경우 5년, 그렇지 않은 경우 10년이다(민법 제246조).

소유권 이외의 재산권의 취득시효 요건은 소유권 취득시효의 요건이 준용된다(민법 제248조). 따라서 부동산은 권리자로서 등기 여부에 따라 그 시효가 10년과 20년으로 결정되고, 동산은 선의·무과실 여부에 따라 5년과 10년이다. 취득시효는 재산권에 한해 적용되고 가족권(신분권)에는 적용되지 않는다. 직접 법률의 규정에 의해 성립하는 재산권(점유권, 유치권 등)과 법률에 의해 시효취득이 금지된 재산권(예를 들어 민법 제294조)은 취득시효의 목적이 될 수 없다. 또 재산적 지배권이 아닌 청구권(채권 등)과 형성권(취소권, 해제권, 해지권 등) 및 점유나 준점유를 수반하지 않는 물권(저당권 등) 등은 그 성질상 취득시효의 목적이 되지 않는다. 전세권은 사실상 그 예가 드물지만 이론상 시효취득을 인정해야 한다는 견해가 유력하다. 취득시효의 요건을 갖추면 권리취득의 효력이 확정적으로 생긴다. 취득시효로 인한 권리취득은 원시취득이며 그 점유를 개시한 때는 소급한다(민법 제247조제1항).

#공유물분할소송 #경매

Q. 세 명이 공동명의로 되어 있는 땅에 한 명이 공유물분할 소송을 냈습니다. 끝까지 합의가 안 된다면 경매로 분할된다고 하는데, 어떤 식으로 경매가 이루어지나요? 논, 밭, 산 등 모든 땅을 하나로 묶어 경매를 하는지 지번마다 하나씩 경매에 들어가는지 궁금합니다.

　　공유물분할청구 소송은 서로 조정 및 협의분할이 되는 경우도 있으나, 대부분은 협의가 안 되고 경매 후 현금분할로 결정된다. 당사자 간 서로 좋은 곳을 찾으려고 하기에 조정이 어려워 법원은 경매를 통한 현금분할을 명하는 것이다. 그러나 원고가 소장을 제출했다고 해서 곧바로 경매에 부쳐지지는 않는다. 법원에 의해 경매분할이 확정되어도 이 판결을 가지고 경매신청을 하는 것이지 곧바로 경매절차에 들어가지는 않는다. 민사소송은 1심 판결 선고 시까지 6개월에서 1년 정도 소요된다. 또한 공유물분할청구는 경매분할을 거치지 않는 현금분할도 인정된다. 즉, 공유물분할청구가 인정된다면 원고 소유만큼의 돈을 피고가 원고에게 지급하는 방식도 인정된다. 따라서 재판과정에서 충분히 논의될 수 있다. 물론 간혹 조정에 성공하는 경우도 있다.

그러나 대부분 경매로 현금분할 되는데, 이 경우 공유자 우선매수신청도 인정되지 않는다. 동등한 위치에서 입찰을 통해 다시 취득하는 길밖에 없다. 그리고 여러 건이 모두 협의되지 않는다면 모두 일괄경매를 한다. 이때 협의로 분할이 성립된 토지는 경매에서 제외한다.

#부동산안정화 #집값안정화

Q. 여러 부동산 전문가들이 다양한 의견을 제시하며 부동산 가격 안정화 방안을 이야기합니다. 청운선생님의 의견이 궁금합니다.

부동산 전문가들이 제시하는 의견들을 보자.

금리를 올려서 유동성 자금을 축소한다

금리를 올려서 유동성 자금을 축소하는 것은 빈대 잡으려고 초가삼간 태우는 것과 같다. 유동성을 축소할수록 서민경제는 어려워지며 가난한 사람이 피해를 보게 된다. 시장을 인위적으로 왜곡하면 더 큰 부작용이 나타난다. 미국은 2015년보다 더 이른 시기에 금리를 올려서 양적완화를 중단하려 했다. 그러나 세계경제를 함께 이끌어온 유럽연합 국가들은 좀처럼 경기침체에서 벗어나지 못하는 상태였고, 각국 정상들은 미국이 저금리정책을 좀 더 가져가줄 것을 부탁했다. 이 과정에서 미국의 국채(treasury bill, treasury bond, treasury note)가 오르게 된 것이다. 10년 만기의 국채 유통수익률은 3%에 도달했다. 이 수준은 현재가 글로벌 금융위기 치유과정임을 감안하면 아주 높은 수익률이다. 그만큼 글로벌 금융시장의 돈 공급은 줄어든 상태다.

2008년 글로벌 금융위기 이후 2%대 성장이라는 불경기가 장기간 지속되었지만, 당연히 투자세액 공제와 연구개발세액 공제를 확대하고 법인세를 인하해 투자를 늘리는 게 기본이다. 하지만 한국은 정반대의 길을 가고 있는데, 정부의 보편적 복지정책을 위한 비용마련이 그 이유다. 그 결과 기업 설비투자는 빈사 상태이고 연구개발도 줄어든다. 한국 경제의 성장동력이 심각하게 훼손되면서 양질의 일자리 창출마저 여의치 않은 실정이다.

이처럼 점점 늘어나는 복지비용을 충당하기 위한 한국의 법인세율 인상과 경제 회복을 위한 미국의 법인세율 인하는 한·미 간 법인세 역전 현상을 가져왔다. 이는 한·미 간에 완전히 다른 경제 상황을 열 것이다. 한·미 간 법인세율 역전은 한국 경제에 적지 않은 타격을 가져올 것으로 분석된다. 한국경제연구원에 따르면 자본비용 증가로 투자가 줄고, 자본 유출은 늘어나 투자가 연평균 4.9%씩 감소할 전망이다. 국내총생산(GDP)은 향후 10년간 연평균 1.7%씩 감소하며 일자리 또한 연간 10만 5천 개씩 사라질 것으로 예상한다. 그 결과 가계소득이 오그라들어 소득분배도 악화되리라는 분석이다. 반면 미국은 자본쏠림 현상에 힘입어 향후 10년간 국내 투자가 연평균 13.6% 증가하고, 국내총생산은 연평균 2.7%씩 늘어날 것으로 추정된다. 고용 또한 연평균 81만 8천 명 증가할 것으로 전망된다. 노동자 1인당 자본 비율과 노동생산성이 증가하면서 임금도 연평균 0.7% 올라 가계소득과 소득분배가 개선될 것으로 분석된다.

현재만 해도 미국은 무역수지의 개선, 미국 내 기업투자 증가와 내수경기 호전으로 경기가 더 살아나서 무려 4%의 경기상승을 가져왔다. 만일 이런 추세가 이어진다면 미국의 국채수익률은 4%대까지 오를 수 있다. 심지어 어떤 유력한 투자자는 5%까지 갈 수도 있다는 견해를 내놓기도 했다. 이런 현상이 나타나면 투자시장 분석에 정밀한 관점이 필요하다. 미국의 국채금리가 오르면 주가는 하락하고, 더 오르면 부동산도 하락한다.

그런데 만일 이러한 경기상승이 단순히 이전의 양적완화에 의한 것만이 아니라, 기술혁신이나 경제정책의 효과 증대가 가세하고 있기 때문이라면, 기준금리는 올라도 금융시장의 장기금리는 안정을 보일 수 있다. 이처럼 단기금리는 올리고 장기금리는 안정을 보이는 현상을 평탄화 현상이라고 한다. 이렇게 되면 향후 경기부진의 우려로 볼 수도 있지만, 투자의 안정을 원하는 글로벌 투자자금들이 미국의 장기국채를 더 사게 되면서 장기금리는 오히려 내리게 되거나 안정을 보일 수 있다. 그렇게 된다면 미국 경기는 호흡조절 속에 더 긴 상승국면에 진입하게 될 것이다.

독일, 영국, 캐나다, 일본 등 미국 수출에 연줄이 있거나 미국과 긴밀한 교역이 가능한 나라들은 현재 미국에 협조하고 길게 그 보상을 찾는 방법을 구사한다. 그러나 부동산 역시 미국 국채 유통금리가 3% 이상을 오르더라도 상위 소득계층의 꾸준한 소득증가로 고가주택 중심으로 호조세가 이어질 수 있다. 따라서 이 방법은 잘못된 생각으로 시장의 불안과 서민경제의 파탄을 먼저 불러온다.

보유세를 높이고 양도소득세 등 거래세를 낮춘다

보유세를 높이고 거래세를 낮추는 방안은 좋은 정책이다. 지금

많은 학자들이 주장하고 또 외국의 예를 보더라도 그렇다. 한국의 양도세율은 세계 최고 수준이다. 1세대 3주택자의 경우 조정대상지역에서 1억 원 소득 시 6,500만 원으로 주민세를 포함하면 79.2%다. 미국 2.25%, 프랑스 5.09%에 비교해도 지나치다. 보유세를 높이는 대신 양도세를 완화하면 주택 거래도 활성화될 것으로 보인다. 그러나 보유세는 지방세이고 양도세는 국세이므로, 과세가 쉽고 세원 확보에 유리한 양도세를 줄이는 방법은 실현이 어려울 듯하다.

서울 근교 그린벨트에 대량의 보금자리주택을 공급한다

그린벨트를 풀어서 부동산 상승세를 잡으려는 처방은 잘못된 발상이다. 그린벨트는 후손에게 물려줘야 할 마지막 유산이다. 급한 불을 끄기 위한 일시적인 정책이라 해도, 공급은 최소 5년에서 7년 이상 걸린다. 또 인근 지역의 집값 하락까지 초래한다. 보금자리주택이나 임대주택이 들어오면 인근 지역의 부동산은 하락하고 단지 당첨자만 일시적인 로또 당첨으로 마무리된다.

서울에 있는 공공기관 및 대기업을 수도권 외곽이나 지방으로 이전한다

서울에 있는 공공기관 및 대기업을 수도권 외곽이나 지방으로 이전하는 방법은 어떨까? 공공기관이나 대기업은 지방, 특히 업무의 효율적인 관계를 고려해 세종시 등으로 이전을 추천한다. 지방이전은 지방경제 발전에도 도움이 된다.

수도권 지하철 복선화 및 급행노선을 도입하고 광역급행철도(GTX)를 빠른 시일 내에 건설한다

수도권 지하철 복선화, 급행노선 확장은 단기간에 되는 사업이 아니고 시간이 많이 소요되는 가장 기초적이고 장기적인 발전계획이다. 이는 지금 KTX 노선의 결정과 공사를 보면 알 수 있듯이, 최소 10년 이상이 걸린다. 그리고 버스를 철도가, 철도가 전철로, 전철이 고속전철로 그 위치를 이어나갔듯이 앞으로는 광역급행철도 시대가 도래할 것이다. 그러니 이 문제는 일시적이고 미미한 효과를 가져올 뿐이다.

　문제의 핵심을 알아야 문제의 진단과 처방이 가능하다. 그러나 현재의 정책입안자들은 이 문제의 핵심을 파악하기 어려울 것이다. 그래서 서울의 집값은 두어 달 눈치 보기를 하다가, 다시 상승 국면으로 돌아설 것이다.

　처방은 아주 간단하다. 수요와 공급에 따른 처방을 반대로만 하니 그러하다. 만일 필자라면, 딱 한 가지면, 모든 부동산정책은 다 끝난다. 물론 권력 중심의 의지도 필요하다. 그러나 그것은 언젠가는 다가올 우리나라의 모습이기도 하고 자연의 이치다.

인사이트를 주는
청운선생의 부동산 칼럼

전세가격은 폭등하고
청와대와 국회도 세종시로 갈 날이 올 것이다

향후 서울의 임대료는 크게 상승하고 주택 부족은 더욱더 심화되어 주택 가격은 더 오를 것이다. 임대차3법의 통과로 전월세 가격은 큰 폭으로 오르고, 전세는 향후 월세로 전환될 것이다. 초과이익환수제, 분양가상한제, 안전진단 강화 등으로 서울에 주택 공급은 거의 없고 수요만 늘어나기 때문이다.

문재인 정부의 이러한 주택시장에 대한 인위적이고 과도한 제제는 다음 정부에 큰 폭탄으로 남을 것이다. 공산주의나 사회주의에서조차도 찾아보기 힘들 정도로 현재 다주택자의 규제는 가히 세계 최고 악법의 연속이라고 할 만하다. 예를 들어 양도차익이 1억 원 발생 시 조정대상지역의 3주택자이면 6,500만 원이 세금으로 나간다. 주민세를 포함하면 사실상 79.2%가 세금으로 나간다. 실로 말이 안 나온다.

임대차3법은 서민에게 그 피해가 돌아갈 것이다. 2020년 7월 30일 전월세 상한제, 계약갱신 청구권, 전월세 신고제의 임대차3법이 본 회의를 통과했다. 거대 여당의 힘으로 상임위 등 통과절차도 무시하고 그대로 국회 본회의를 통과했다.

그 중요 사항을 보자. 반전세나 월세 전환 시 임차인의 동의가 있어야 하고 법적 허용 범위만 인정된다. 집주인 입장에서는 모든 권한이 사실상 임차인의 뜻대로 된다고 생각된다. 또 2년 후 2년 자동갱신이 가능하니 사실상 임차기간은 4년이다. 집주인이 실거주를 이유로 갱신을 거절한 후 실제 거주하지 않으면 제재가 가해진다. 문제는 앞으로 물건의 부족으로 전세금이 크게 오를 것이라는 점이다.

청와대와 국회는 어쩌고 있는가. 향후 청와대 분원이나 국회 분원을 필두로 세종으로 갈 것이다, 정부에서 세종시로 행정수도를 옮기려 한다. 정부의 정책 잘못으로 불길에 휩싸인 부동산 시장을 돌파하려는 발상으로 보인다. 국회나 청와대가 세종시로 이전하며 서울의 집값을 잡으려고 하는 것이다. 이는 조금은 도움이 될 것이나, 이런 시기에 천도론은 명분이 약하다.

추후 대선의 길목에서 지난번 노무현 대통령이 충청인의 표심을 잡으려고 세종 천도 공약을 한 것처럼 행정수도가 세종으로 이전될 것으로 보인다. 지난 2004년 헌법재판소는 제정헌법이 있기 전부터 전통적으로 존재해온 관습법이라면서 엉뚱한 경국대전을 들고나와 세종 천도가 헌법에 위배된다고 판결한 적이 있다. 어디 우리나라가 영국처럼 관습법이 지배하는 나라던가. 당시에는 헌법재판소 재판관 9명 중 8명이 위헌이라고 하고 1명이 각하 결정을 내렸다. 그러나 이제는 재판관의 성향이 진보성향이라 여야 합의로 특별법을 만들어 헌재의 판례를 변경하거나 대통령 혹은 국회 재적위원 과반수의 발의와 국회 재적위원 과반수 투표와 과반수 찬성으로 가능하다.

우선 국회 분원이나 청와대 분원이 먼저 갈 것이고, 언젠가는 대선의 길목이나 집권 여당의 의지로 청와대와 국회도 세종으로 갈 그날이 우리 앞에 나타날 것으로 보인다. 어디에서도 접해보지 못한, 세계 어느 나라에서도 듣지도 보지도 못한, 그러한 부동산 말살 정책이 이번 문재인 정부에서 펼쳐지고 있다.

이제 부동산 투자는
아파트가 아니라 토지다

6·17 부동산 대책에 이어 후속책으로 7·10 부동산 대책이 발표되었다. 잦은 부동산 대책 발표는 뒤로하고라도 정부 스스로가 부동산의 정치를 하고 있는 것으로 보인다. 실제 명목이야 다주택자 견제와 서민 생활 대책이라 하지만, 그 이면에 정부가 노리는 것은 부동산 시장의 현행유지와 세금을 더 걷기 위한 술수로 보인다. 다주택자를 부동산 집값 상승의 원흉으로 삼아 그를 빌미로 세금폭탄을 국민에게 안겨줘 필요한 나라의 곳간을 메꾸려고 하고 있다.

지난 2017년 8·2 부동산 대책과, 2018년 9·13 부동산 대책, 2019년 12·16 대책에 이어서 9억 원 이하 중저가주택은 유지하던 세제상 혜택을 이번 정책을 통해 다주택자라는 가상의 공공의 적을 만들어 대폭 세제를 강화했다. 1년 미만에 주택양도 시 세율은 기존 40%에서 70%로 상향했고, 2년 미만은 기본 60%로 강화했다. 분양권의 양도차익을 원천적으로 차단했다. 다주택자의 양도세율은 2주택자가 양도세 10%에서 20%로 올려 62%가 되었고, 3주택자는 20%에서 30%로 중과해 양도세율이 72%다. 그야말로 주택을 사면 그 이익은 세금으로 다 빼앗아 가겠다는 것이다. 거기다 투자 시 금융비용을 제외하면 투자자는 거의 빈

손이 된다. 자본주의 경제 체제에서 과연 있을 수 있는 정책인지 고개가 갸우뚱해진다.

필자는 이것을 집값을 잡기 위한 정책으로 보지 않는다. 정부의 부동산 대책은 다주택자를 적폐로 규정해 마녀사냥을 하고 있다. 하지만 정부가 주택 공급이 모자라서 이런 현상이 일어나는 것을 모를 리 없다. 그래서 정부가 3기 신도시를 발표하지 않았는가! 3기 신도시는 주택 공급이 모자란다는 정부의 인증 정책이다. 정부는 시세가 오르고 전세가도 오를 것을 모를 리 없다. 다만 이 모든 것은 정권을 유지하기 위한 정책일 뿐이고, 그 대상을 다주택자를 적폐로 몰아 마녀사냥을 하면서 안정적으로 세수를 확보하기 위한 고도의 부동산 정치 전략이다.

정부는 집값이 떨어지는 것도 원치 않는다. 집값이 떨어지면 세수확보가 어려워지니 적당히 집값은 유지하되, 안정적인 세수 확보만 원할 뿐이다.

다주택자를 겨냥한 것 같지만 실제는 실소유자 청년층에게 그 피해가 가고 있다. 취득세 경감의 경우 1억 5천만 원 이하는 100% 감면하고, 3억 원 이하는 50%를 감면한다고 한다. 대체 서울에 1억 5천만 원 이하 아파트가 어디 있는가. 3억 원 이하 아파트조차도 없다. 젊은 세대는 빌라나 오피스텔에만 살라는 것인가.

앞으로 주택 가격은 일시 주춤하겠지만 다시 오를 것이다. 부동산 규제를 하면 할수록 아파트 가격은 더 오를 것이다. 수요에 비해 공급이 없기 때문이다. 또한 실거주요건이 강화되어 전세가 귀해질 것이니 더 오를 것이다. 재건축 규제완화도 이 정부에서는 없을 것이다. 그러니 다주택자는 증여 등을 통한 탈출구를 모색할 것이고, 버틸 것이다. 3기 신도시 등으로 유혹하지만, 3기 신도시에 가는 사람은 밀려서 서울을 떠나가는 것이고, 그럴수록 서울 주택의 선호와 효용성은 더할 것이다.

거래를 활성화해서 세수를 확보하고 매매를 활성화해서 세수를 충족해야 한다. 하지만 현 정부는 재난지원금 지급 등으로 국고가 바닥났고 앞으로 포퓰리즘 정책을 위해 재원은 계속 필요한데 세수가 부족하니 이리 엉뚱한 다주택자를 적폐로 몰아서 마녀사냥을 시작한 것으로 보인다. 집 살 돈이 없는 사람들은 임대를 주는 사람이 없으면 어디에서 전세를 구한단 말인가.

이번 정부에서 1~2년 전만 해도 임대사업과 임대사업자등록을 장려했다. 하지만 이제는 임대사업자 혜택을 대폭 축소했다. 임대사업자 반납 시 3천만 원 이하 과태료를 부과하던 것을 자진 말소를 허용하게 하는 등 정부가 아닌 일개 개인이라 해도 신뢰성을 줄 수 없는 정책들을 남발하고 있다.

그리고 이번 정책으로 법인사업자에 대한 모든 혜택도 막았다. 사실상 법인도 만들거나 운영할 이득도 모두 없어져버렸다. 2019년 12·16 대출규제로 15억 원 초과 주택은 대출이 아예 막

히고, 9억 원 이하 주택만 40%로 KB기준가나 한국감정원가격으로 나오던 것조차 조정대상구역에서는 1주택자도 대출이 불가하다. 투기과열지구에서 1년, 조정대상지역에서 2년 안에 전입하면 됐지만 이제는 6개월 이내에 전입을 해야 한다. 정책은 다주택자를 적폐로 규정하고 여론몰이로 마녀사냥을 한다. 정부의 부동산 정책 실패의 책임을 악의축으로 규정한 임대사업자나 국민에게 돌리고 있다.

앞으로 정치에는 많은 변화가 일어날 것이다. 서울시장과 부산시장 보궐선거가 있을 것이고 울산시장, 경남도지사, 경기도지사 등도 두고 볼 일이다. 대선 전초전의 정치가 향후 펼쳐질 것이다.

정권은 유한하나 부동산은 영원하다. 향후 투자는 다세대나 빌라, 상가, 주식 등도 일부 포함될 것이나 이는 수익 면에서 가치가 없고 잘못된 투자처다. 주식의 경우는 위험부담이 크고 성공확률도 적다. 앞으로의 투자는 오직 토지 투자다.

지난 50년간 한국은행 통계에서 아파트는 100배 올랐다면 토지는 3,030배가 올랐다. 이 기간 땅값 상승률 3,030배는 국내총생산(GDP) 증가율인 1,933배보다 높다. 토지자산 가격 총액의 GDP 대비 비율은 평균 392%로 나타났다. 1970년과 1991년에는 50%를 넘기도 했다. 다만 토지 투자는 단기차익보다는 통상 3년 이상 정도의 시간이 필요하고, 혹은 5년 자경 시는 8년이 필요하다. 그러나 수익은 아파트투자의 몇 배가 된다.

　토지 투자는 재산 증식이나 세제 면에서 유리할 뿐만 아니라 자손에게 상속이나 증여할 때도 공시지가를 기준으로 산정하므로 유리하다. 대출규제에서도 벗어나고 세제 면에서도 일반과세다. 세제 면에서나 규제대상 면에서도 이번 정부의 정책과 무관하다. 이제 부동산 투자는 토지 투자다.

부동산은 남들이 팔 때 사고, 남들이 살 때 팔아라

많은 경제학자나 의학자들이 현재의 코로나 사태로 인한 우려를 제기하고 있다. 중세유럽의 1/3을 죽음으로 몰아넣은 질병의 대유행이나 미국의 1929년 경제대공황이 세계로 퍼져나갔던 것처럼, 세계 경제위기가 염려된다.

　코로나 사태가 종식되면 부동산 시장도 경제적 타격을 딛고서 일어날 것이나 코로나 사태가 장기화되면 여기저기서 큰 어려움이 일어날 것이다. 지금까지 부동산 시장의 폭락을 염두에 두지 않던 필자도 최근의 사태를 보면서 우려를 금할 수 없다. 이런 시기에는 부동산은 잠시 쉬어가기 바란다. 정부가 그동안 발표한 19차례의 부동산 정책에도 잡히지 않던 부동산 경기가 정부의 노력이 아닌, 코로나가 잡아주는 아이러니가 나타나고 있다. 그러나 이런 시기일수록 버티고 이겨나가야 한다.

투자는 아파트보다는 땅 투자가 수익이 뛰어나다. 통상 아파트가 10배 오르면 땅은 100배 오른다. 그렇기 때문에 현재와 같은 불확실성의 대응책으로 토지 투자도 추천한다. 토지 투자의 경우는 장기간 투자를 요하지만, 투자수익이나 세제 면에서 유리하다. 자기 자본으로만 한다면 기다리고, 시간이 가면 몇 배 몇십 배의 보상으로 돌아온다.

최근 현대차가 사들인 한전부지의 면적은 7만 9,342m²이므로 낙찰가 10조 5,500억 원을 평당으로 계산하면 1m² 가격이 무려 4억 3,879만 원에 달한다. 땅값이 얼마나 오르는지 감이 올 것이다. 앞으로 이 부동산 가격 상승은 IMF나 OECD 자료만 보아도 알 수 있다.

2020년 45조 원 규모의 3기 신도시 토지보상금이 풀리면 부동산 가격은 천정부지로 오를 것이다. 거기다가 유동성 자금이 1천조 원이 갈 곳이 없어 시장에 떠돌아다닌다고 한다. 정부의 예산 중 많은 예산이 복지정책에 쓰인다. 코로나 사태로 인한 선심성 복지 포퓰리즘이 일어나고, 정부에서는 피폐해진 시장경제를 살리기 위해 화폐를 시장에 풀 것이다.

그 결과 코로나 사태가 끝난 뒤 부동산 시장의 폭등을 예상할 수 있다. 당분간 일시적인 하락 장세가 예고되고, 부동산 시장이 당분간 어려워질 것이다. 이런 때일수록 이 어려움을 버티고 이겨나가기를 바란다. 폭풍이 지나면 다시 맑은 하늘이 보일 테니 말이다.

부동산은 자연의 이치를 영원히 거스를 수 없다

대부분 사람들은 불확실성의 시기가 오면 자신이 보고 싶은 것만 보고 생각하는 것에 집착하며 상대방의 말에 귀를 기울이지 않고 자기의 생각대로 판단한다. 그래서 현재의 부동산 시장과 관련 필자의 생각을 정리한다.

부동산은 살아있는 미물과 같다. 거시적인 경제 동향이나 수요나 공급마저도 정책 입안자들이 얼마든지 조종할 수 있고, 실제 이러한 정책의 효과는 부동산 시장에 절대적인 영향을 끼친다. 그러나 이러한 정책의 효과도 한시적이고 자연의 이치 앞에는 허물어지고 만다. 아무리 폭락론자들이 집값이 폭락한다고 해도, 수요와 공급의 원칙이나 시장 질서가 심히 왜곡되면 시장은 자정 기능을 한다. 그래서 선진국은 부동산 정책에 정부가 개입하지 않고 시장의 질서에 맡긴다. 그러나 정치적 저성장국가일수록 권력자들에 의해 시장 질서가 교란되고 나중에 참혹한 결과로서 다시 시장에 돌아온다.

지난 IMF 당시 1997년 10월부터 1998년 11월까지 전국의 아파트값은 15.1%가 하락했고 서울은 18.2%가 하락했다. 전세가도 22.3%가 떨어졌고, 서울은 26.9% 하락했다. 부동산 한파가 몰아닥치자 많은 사람들이 집이나 땅 혹은 빌딩을 헐값에 처분했다. 또 한 민간경제연구소에서 출간한 '재테크하려면 절대로 집 사지 마라'는 책이 베스트셀러가 되면서 많은 사람들이 못 버티고 집을 처분했다. 그러나 2000년 이후 부동산 가격이 150% 이상 올랐고, 당시 눈앞에 보이는 것이 전부라고 믿고 집을 처분한 사람들은 많은 어려움을 겪었다.

노무현 정부는 당시 종부세 등 지금의 부동산 정책과 실거래가 과세, 다주택자 양도세 중과 등 현재와 유사한 각종 규제와 세금을 중과세했다. 세법에서 인별 합산해야 할 세액을 세대별 합산 등으로 세법과 부동산규제와 정책을 강화했지만, 막상 종부세 과세 시점이 되자 부동산 가격은 폭등하고 전월세 가격은 천정부지로 올랐다. 요즘의 상황은 어떠한가. 앞으로 전월세 가격 상승에 이어서 주택가격 상승이 오는 봄부터 이어질 것이다. 2021년 이후에는 주택 분양물량도 더 적고 공급이 더 줄어든다. 즉 상승기가 이어진다.

금융위기가 오면 어느 나라건 통화량이 필연적으로 늘어나고 돈의 가치는 떨어지고, 돈의 가치 하락은 부동산 시장의 폭등을 몰고 온다. IMF 당시 통화량이 40%나 늘어났다. 전국적으로 40.6%, 서울은 56.10%가 늘어났다고 한다. 이러한 통화량 증가는 결국 그 돈이 시장으로 몰리면서 부동산 가격을 폭등시키는 결과로 이어졌다.

결국 금융위기나 부동산위기는 그 시기만 버티면 된다. 부동산은 결국 버티는 자가 승리를 한다. 세법도 수시로 바뀌고, 철옹성같이 느껴지던 그 권력도 영원하지 않고 어느 한순간 무너지면 정권이 바뀌고 또 정책이 바뀐다.

최근의 부동산 정책은 세금의 중과세, 토지초과이득세, 안전진단강화, 대출규제 등으로 부동산 시장을 움직이지 못하도록 하고 있다. 하지만 이러한 정책으로 인해 주택은 수요에 비해 공급량이 절대 부족의 시대가 빨리 오니, 이제 2021년도부터는 완전 공급의 절대 부족 시대가 도래할 것이다.

그러나 이러한 규제가 나오면 규제 이후에는 반드시 반등한다. 더욱이 대출규제, 다주택자 양도세중과(3주택자 68.2%) 등 각종 규제로 시장질서는 왜곡되고 있다. 이러한 때는 급매물로 급히 자금이 필요한 경우나 갈아타기 등만 나오고, 실수요자들은 대부분 버틸 것이다. 즉, 규제가 나오면 급매물은 나올 수 있지만 급매물이 소화되면 다시 가격이 상승한다. 또 임대주택자신고 및 증여자의 매물은 잠기어 거래도 할 수 없다. 지난해 증여자는 47,926명, 임대주택 수는 117,735세대, 임대사업자 등록 수는 336,849세대다. 이 임대사업자의 경우는 최소 4년이기에 5년 이상 8년 이후나 매매가 가능하다. 만일 집을 팔려고 해도 조정지역 내 3주택자 이상자는 68.2%의 세금을 내야 한다. 그러니 아주 급한 경우가 아니면, 대부분 모두 버틸 것이고 매물도 줄어들 것이다.

그런 중에 급매물이 하나가 거래되면 각종 매스컴에서는 아파트 가격이 떨어진 것처럼 호들갑을 떨지만 이러한 시기에는 절대로 집을 팔지 말고 버텨야 한다. 폭락기는 1년 이상 안 간다. 그리고 폭락 이후에는 다시 상승한다. 거품이 아니더라도 인위적이지만 강력한 규제는 당분간 지역별 보합 혹은 일시적 하락으로도 이어진다. 결국 과도한 규제는 추후 부동산 폭등으로 이어질 것이다.

부동산 시장이 죽으면 모든 경기가 죽는다. 그 이유는 대부분 우리나라 사람들은 실물경제에서 부동산이 차지하는 비중이 80% 이상이기 때문이다. 그리고 한 번 오른 부동산 가격은 잘 안 내리고, 30% 이상 오른 지역에서 설령 10%가 내려도 별문제가 되지 않는다.

국토부 자료에 따르면 우리나라는 인구 1천 명당 서울 366세대, 경기 346세대다. 미국은 419세대, 일본은 477세대다. 인구 2.5명당 1채가 있어야 수요와 공급 측면에서 맞다. OECD 35개국 중 우리나라는 마지막 5번째 집 보유 국가다. 그래서 정부도

집이 부족한 것을 인정하고 3기 신도시를 발표하지 않았는가!

3기 신도시는 최소 5년에서 7년, 아니 10년 이상이 걸린다. 아직도 2기 신도시 검안, 양주 등은 대부분 착공 단계다. 즉, 3기 신도시가 지금의 집값에 끼치는 것은 정서적인 안정감의 효과이지, 직접적 영향이 없다.

그리고 신도시가 생기려면 토지수용자금 수십조 원이 풀린다. 2012년만 해도 토지보상금 12조 원이 풀렸고, 당시 부동산 가격이 폭등했다. 2016년 토지보상금 16조 원이 풀렸고 2017년 부동산 폭등으로 이어졌다. 서초 래미안 청약 시 뭉칫돈이 청약에 100조 원이 몰렸다. 즉, 호재만 있으면 부동산은 언제라도 폭등한다. 용산, 여의도, 강남 현대사옥, 3기 신도시, GTX노선 등 사회간접자본, 국가산업단지보상금 등 수없는 호재 중 단 2가지만 움직여도 다시 폭등으로 돌아설 것이다.

부동산은 기다림의 미학이다. 버티면 그리고 세월이 가면, 시장질서와 세법도 달라지고 정부도 바뀌고 정책도 변하고 물가의 성장처럼 부동산 가치도 오른다.

 풍수지리와 나의 삶

풍수지리는 자라면서 자연스럽게 접하게 되었다. 조부에 이어 부친에게서도 종종 풍수지리 관련 이야기를 들어왔다. 하지만 따로 풍수나 관상을 배우지는 않았는데도 어렸을 때부터 가끔 저 묏자리는 어떠하다느니, 저 사람은 3년 후 죽겠다느니, 저 사람은 부자가 될 사람이라는 둥 말을 해왔던 기억이 난다.

어린 시절 한번은 친구와 자치기를 하고 있는데, 옆집에 살던 누나가 사람이 다칠 수 있다고 놀이를 못 하게 했다. 나도 모르게 화가 나서 그 누나의 얼굴을 보며 말했다. "누나는 그렇게 심술을 부리니 시집가서 3달 안에 남편이 죽지?" 이 말을 하고 깜짝 놀랐다. 나도 모르게 튀어나온 말이었다. 그런데 그 누나는 내 말처럼 시집가서 3개월도 안 되어 남편이 교통사고로 죽었다.

1년 전 아내와 지방의 어느 길을 가다 나도 모르게 내뱉었다. "어!? 저 집은 5개월 안에 멸문지화를 당할 집이네!" 아내는 놀라며 "어디 가서는 절대 그런 소리 하면 안 돼요!"라고 말렸다. 몇 달 후 그 주변을 지나가다가 그 집이 불에 탄 흔적이 있길래 차에서 내렸다. 알고 보니 그 집에 불이나 집안 식구가 모두 죽은 것이었다. 아내가 정색하며 어떻게 알았느냐고 물어 나는 대답했다. "그냥 그리 생각이 들어서 한 말이야."

어린 시절부터 나의 기행은 끝이 없었다. 남의 장삿날 가서 그 자리는 집안이 망할 자리라느니, 이 자리는 3m만 파면 물이 나올 것이라느니, 이 자리는 묘를 쓰면 안 된다느니 하는 등 숱한 기행을 저지르며 자랐다. 심지어 그 모두가 정확히 맞는 말이었다.

고등학교 시절 한번은 친구 집에 갔다가 장례를 치르는 것을 봤다. 장례를 주도하는 것을 구경하다가 묏자리를 보고는 "이 자리 좌향은 안 되는데…. 사람이 3개월 이내 또 죽는데, 좌향을 좌좌오향으로 바꾸면 장관이 날 자리인데…."라고 중얼거렸다. 나중에 이 말을 가족이 들은 모양이다. 당시 매장을 주관했던 지관이 "어린 녀석이 무얼 안다고 그러느냐."라고 화를 냈지만, 『주역』의 대목 몇 개를 설명하며, 풍수의 가장 기본서인 풍수학의 고전 『금낭경』과 『청오경』을 술술 외우며 설명하자 "너 참 대단한 아이로구나!" 하며 말을 잇지 못하던 기억이 뚜렷하다.

몇 달 후 친구가 어떤 분이 나를 찾아왔다고 했다. "얼마 전 묏자리에 대해서 친구가 중얼거리는 소리를 들었는데…."라면서 말이다. 그 집은 당시 권세가였고, 당대 최고의 지관을 불러 장사 중이었단다. 3개월 후 정말 교통사고로 우연히 집안사람이 죽자 그 때 들은 말을 기억하면서 찾아왔단다. 나는 그 집안에서 3년 이내 장관이 나올 방법을 알려줬다. 나의 말대로 좌향을 고치자 2년 후 그 집안에서 모 장관이 배출되었다.

이미 고등학교 때부터 묘지 간산(看山)을 가서 묏자리를 보아주 기도 하고, 주변에 아이가 태어나면 이름을 지어주어 그 작명 수 만 해도 1천 명이 넘는다. 자식들이나 친지들의 이름도 모두 내가 지은 이름이다. 친구들의 자식 이름도 여럿 지어주었다.

고등학교 시절 공부를 하다가 너무 무리해서인지 코피가 계속 나고 지혈이 안 되었다. 당시 인근 대학병원에 입원했는데 가장 위급한 상태라 할 만큼 심각한 상황이었다. 정신을 차리지 못하고 있었는데 내 몸에서 검정고양이 17마리가 빠져나갔다. 눈을 떠 보니 어머니가 옆에 계셨다. 어머니는 환자의 보호자들에게 코피 에 효험이 있다는 나무 이야기를 듣고 오셨다. 이튿날 아버지는 그들이 알려준 다리에서 서쪽 산속으로 50리를 가면 한 외딴집 뒤에 있다는 피나무를 사정을 이야기하고 얻어오셨다. 가시면서 담배를 한 보루 사가지고 가 두고 오셨다 했다. 아버지가 가지고 온 그 나무를 삶은 물을 한 모금 마시니 코피가 순식간에 기적처 럼 뚝 멈춰버렸다. 14일간 붕대로 코를 막고 전기로 지지며 최선 을 다해도 멈추지 못했던 코피가 말이다.

사흘 후에 나는 퇴원해서 집안 형님댁에 요양차 갔다. 한두 달쯤 머물면서 몸을 추스를 작정이었다. 그리고 그날 그 동네를 한 바퀴 돌고 있는데, 산 아래 외딴집에서 웬 백발의 노인이 지팡이를 집고 나와 고개를 숙여 인사하며 "젊은 선생님을 기다리고 있었소."라고 말했다. 나는 깜짝 놀라서 "제가 여기 오는 것을 어찌 어르신이 아시었나요?"라고 물었다. 그 노인이 말하기를 "소생은 천리안을 보는 사람이오. 귀인이 온다는 영감을 받고 눈을 감으니, 선생이 오시는 모습이 선명히 보여서 지금 막 마중을 나오는 것입니다."라고 했다. 나는 백발의 노인이 안내하는 집을 방문했다. 나중에 안 일이지만 그 노인은 후에 종교를 창시한 한 선생님이었다. 그리고 나에게 『주역』을 펼치며 수화기제(水火旣濟)를 물어오셨다. 나는 답했다.

　　수화기제는 『주역』의 64괘 중 마지막 두 번째 문장입니다. "어둠이 깊으면 새벽이 가까이 와 있음을 알게 된다."라는 이치가 바로 그 의미입니다. 모두를 이루었다는 것은 아주 기뻐할 일이나, 이제 더 큰 경영을 해야 하고 그것은 어쩌면 더 위험한 상황에 처할 수 있음을 간파해야 합니다. 수화기제는 이렇게 큰일을 이룬 상태를 말합니다.

　　이를 설명하면서 풍수와 관련된 김성수 생가까지 설명했다.

일례로 인촌 김성수의 집을 살펴보면 인촌의 집은 민간에서 일반적으로 꺼리는 북향집입니다. 속설에 따르면 "북향 대문은 집안의 귀(貴:벼슬), 부(富), 손(孫)을 절멸시킨다."라고 합니다.

그런데 인촌 생가는 사능선(내룡)이 남에서 북으로 흐르는 것을 따라 남쪽에 안방, 북쪽에 대문을 설치했습니다.

양택 풍수에서는 대문, 안방, 부엌을 중요시하는데 인촌 생가는 안방은 남방, 대문은 북방입니다. 즉 자문오주(子門午主)에 해당되어 '자오(子午)가 충(沖)하는 것'이므로 나쁘나, 달리 생각하면 북쪽에 대문이, 남쪽에 안방이 들어서면 수화(水火)가 기제(旣濟)해 크게 길하고 번창한다는 역(易)의 이치를 깨달은 것입니다.

이렇게 설명을 끝내자 최 선생은 무릎을 탁 치며 탄복을 했다. 얼마 후 내가 그곳에서 떠나올 때 자신의 수제자가 되어줄 것을 간청했으나 "저는 도에 이르기는 너무 부족한 사람이고, 아직은 공부를 해야 할 때인 것 같습니다."라면서 거절했다. 만남은 그것으로 끝이었다. 지금도 그 도인이 외우던 "황황상제 동심동기 단일대발 일세대응…"이란 주문이 생각난다.

당시 집안 형님은 정미소를 하셨다. 나는 "형님, 이 자리는 30년 후에 아파트가 들어설 자리입니다."라고 했다. 물론 지금 그곳엔 지금 대단지 아파트가 들어서 있다. 아마도 나의 부동산에 대한 조그마한 식견은 이때부터 있었던 것 같다. 하지만 그 말을 들은 형님은 나를 실성한 사람으로 보고 "동생, 집으로 가는 편이 낫겠네." 한다. 그 집에 얹혀서 머무르는 내가 불편했던 형수까지 이 말을 듣고 나를 집으로 가라고 한 것이었다. 하지만 후일 그 형님은 재산을 모두 날리고, 나의 시골집에 와서 살게 되었다. 사람의 운명이란 참 알 수 없다.

나는 집으로 간다고 하고 돌아왔다. 그러나 그 길로 전국의 산야를 돌아다녔다. 이때는 쌀가루를 생식하며, 때로는 얻어도 먹고, 풀뿌리를 캐 먹고, 산야초나 나무에 맺힌 과일을 따 먹으며 거의 1년을 보냈다. 어떤 때는 독초를 잘못 먹어 고생한 적도 있다. 참으로 소(牛)만도 못하지 않나? 영물이라 하는 소도 독초는 절대로 먹지 않고 걸러내지 않는가.

밥을 얻어먹거나 누군가의 헛간 등에서 자는 것도 한두 번이었다. 대부분 산에서 그대로 잤다. 잘 때 주위에 백반가루나 담뱃잎을 좀 놓아뒀다. 어떤 때는 방을 내주는 사람이 있어 편하게 잠을 자거나 식사를 대접받기도 했다. 그럴 때면 꼭 그 집의 양택이나 묏자리 아니면 관상, 수맥이라도 봐주며 감사를 표했다.

한번은 지나다가 어느 민가에서 유숙하는데, 밤에 곡소리가 났다. 그 집 막내아들이 갑자기 비명횡사한 것이었다. 이들이 장례를 치르고자 하는 묘지 터에 간산을 간다 하기에 따라나섰다. 그리고 이들이 장사를 지내고자 하는 곳에 이르러서는 나도 모르게

"이 자리는 대가 끊어지겠구나." 하고 혼잣말을 했다. 같이 간 집 안사람들이 이 말을 듣더니 무슨 의미냐고 물었다. 나는 되물었다. "자리는 명당이나 이곳은 새의 형국으로 비석이 있어서는 안 되는데, 그 비석이 목줄을 조이고 있습니다. 아마도 최근 이 비석을 하고 나서 집안에 변고가 있었을 겁니다. 저 공덕비는 무엇인가요?"

그 집 할머니가 대답했다. "실은 우리 남편이 이 지방 유지로 여러 제자가 있어서 제자들과 주민들이 이 공덕비를 세워주고 비석을 세웠습니다. 남편은 유림으로 글이 많아 이곳에 묘지를 정하며 비석을 하지 말라 했는데…." 나는 즉시 "그 비석과 공덕비를 치워야 합니다."라고 외쳤다. 안 그래도 그 비석을 세운 이후 3년 동안 최근 집안 자손들이 줄줄이 비명횡사해서 이제 자식 둘만 남았다고 했다. 사실 이 이야기도 자신이 교회 집사라 무시한 채 자식들에게도 말 안 하고 처음으로 나에게 하는 말이라 하셨다.

그 후 그들은 바로 묘지의 비석과 공덕비를 치웠다. 몇 년이 흐르고 그곳을 지나면서 들렀을 때 그 노인을 다시 찾았다. 젊은이가 알려준 대로 하자 그 이후는 아무런 일이 일어나지 않았고 아들놈 하나는 정부 고위관료로 일하고 하나는 변호사라고 전해왔다. 고맙다는 말을 몇 번이나 들었던 기억이 새롭다.

이쯤 전국을 돌아다니면서 잠을 대부분 산 묘지에서 자다 보니 오히려 가정집보다 묘지에 드러눕는 게 마음이 편안했다. 내 본

향처럼 말이다. 이때부터 내 눈에 서서히 부동산이 보이고 땅이 보이고, 땅의 가치와 미래가 보였는지도 모른다.

나는 건강회복을 위해 전국 방방곡곡을 돌아다니면 삼천리 금수강산 산하 대부분의 기를 느꼈다. 이때가 가장 행복한 시절이었다. 그 후로도 시간이 날 때마다 전국의 산야를 수십 년을 헤맸지만 이때처럼 자연과 더불어 행복했던 적은 없었다.

그 후 정상적인 학업을 마치고 공직에서 정년까지 몸담았다. 그러는 동안 수백 명의 묏자리를 봐주었다. 유명 정치인이나 재계의 내로라하는 회장들의 묏자리를 수없이 봐주기도 하고, 모 정치인의 최측근에서 직함도 없는 보이지 않는 책사로서 그를 돕기도 했다. 이름만 들으면 누구나 다 아는 그는 국가 권력의 2인자였다.

한번은 그가 대권 도전을 하려고, 나와 자신의 아내만 있는 식사 자리에서 물어왔다. 나는 이때 그분에게 "道天地將法(도천지장법)"이라고 답했다. 이런 말이었다. "모든 세상일에는 도리가 있고, 하늘의 부름을 받아야 하고, 밑에서 받들어줄 부하나 아랫사람이 따라야 하고, 앞장서 어려움을 헤쳐나갈 장수, 즉 심복이 있어야 하고, 법에 어긋나지 않아야 합니다. 그러나 제 눈에는 선생님께 하늘의 이치가 보이지 않습니다." 그는 대권의 꿈을 접었다.

시간만 있으면 수십 년에 걸쳐 형상은 전국을 돌아다니며, 명당과 땅의 기를 온몸으로 느꼈다. 하루는 어떤 사람이 만나자고 해왔다. 꼭 뵙기를 원해 나갔더니 앞에 봉투를 하나 내밀었다. "이게 무엇인지요?" 하자, "5천만 원입니다."라고 대답했다. 이어 "선생님께 내일쯤 모 기업 회장 비서가 올 텐데, 선생님이 그 묏자리를 좋다고만 하시면 30억 원에 매매하기로 되어 있습니다. 그러니 그 묏자리를 좋은 자리라고만 말씀해주시면 4억 5천만 원을 더 드리겠습니다."라는 것이었다.

이때 나는 집이 한 채도 없었다. 당시에는 1억 원이면 집 한 채를 살 수 있었다. 나는 껄껄 웃으며 답했다. "소생이 비록 누추하게 살아 돈이 필요는 하지만 그 자리가 나쁜 자리라도 좋다고 해야 한단 말이오? 그 자리는 30억 원이 아니라 평당 5천 원 가치밖에는 안 갑니다. 설령 그 자리가 길지라 해도 명당을 빌미로 그리 하다니요! 안 됩니다." 하며 거절했다.

그간 풍수지리 관련 글을 신문, 잡지, 벼룩시장 등에 10여 년 간 연재했다. 일주일에 한 번 혹은 두 번씩이었다. 그리고 산야를 다니며 명당을 지필묵으로 기록했다. 때로는 유림회관에서 강의도 하고, 평생대학이나 기타 여러 곳에서 강의도 했다. 그러나 돈을 받고 한 강의는 한 번도 없다. 막걸리 몇 잔은 얻어먹었지만 말이다.

이제 어느덧 나 자신을 돌아보니 다 익어버렸다. 언제 떨어질

지도 모르게. 오죽하면 아내와 간 지난 여행에서 한 여행객이 아내에게 시아버지를 모시고 왔느냐고 하더란다. 마음은 아직도 방년인데, 아마도 내가 많이 익은 모양이다.

남은 여생, 움막에서 자연을 벗 삼아 자연과 더불어 세상을 등지고 살아가련다.

청운선생의
부동산 천기누설

초판 1쇄 발행 2020년 11월 30일

지은이 | 김영운
펴낸곳 | 원앤원북스
펴낸이 | 오운영
경영총괄 | 박종명
편집 | 최윤정 김효주 이광민 강혜지 이한나
디자인 | 윤지예
마케팅 | 송만석 문준영
등록번호 | 제2018-000146호(2018년 1월 23일)
주소 | 04091 서울시 마포구 토정로 222 한국출판콘텐츠센터 319호(신수동)
전화 | (02)719-7735   팩스 | (02)719-7736
이메일 | onobooks2018@naver.com   블로그 | blog.naver.com/onobooks2018
값 | 17,000원
ISBN 979-11-7043-151-0 03320

이 도서의 국립중앙도서관 출판예정도서목록(CIP)은 서지정보유통지원시스템 홈페이지(http://seoji.nl.go.kr)와
국가자료공동목록시스템(http://www.nl.go.kr/kolisnet)에서 이용하실 수 있습니다. (CIP제어번호: CIP2020047792)